UNE ENFANCE EN ENFER

Jean Fayard

UNE ENFANCE EN ENFER

Collection
Récits

le cherche midi

23, rue du Cherche-Midi, 75006 Paris.

Vous pouvez consulter notre catalogue général et l'annonce
de nos prochaines parutions sur notre site Internet :
cherche-midi.com

À Dina,
à mes enfants,
à Virginie Delahautemaison,
Roland Narizano,
Jean-Claude Lefèvre,
Georges Hernaez.

1

LA COUR DES MIRACLES

Il était très tard. Bien que je n'aie eu aucune notion de l'heure à cette époque, je ne me rappelle pas m'être couché avant que les rues ne soient totalement vidées de passants. J'avais passé la soirée à jouer sur le trottoir de la rue de Lorraine avec René et Michelle. Nous jouions ainsi chaque jour, jusqu'à ce que notre mère vienne nous chercher pour nous envoyer au lit. Après avoir traversé la cour, nous grimpions quatre à quatre les marches de la passerelle en bois qui desservait les logements du premier et unique étage du bâtiment.

Nous habitions une petite chambre qui mesurait environ douze mètres carrés. Les murs étaient gris et suintaient de tous les côtés. Il n'y avait pas de rideaux, ni de beaux meubles, ni de chauffage, ni d'eau, ni d'électricité. Nous avions une petite table et une chaise, placées devant la fenêtre à gauche en entrant. Le long du mur de droite, un vieux canapé, tout délabré, servait de lit à mon père et dans lequel je dormais en compagnie de René. Dans le fond de la pièce, le grand lit qui était occupé par ma mère et Michelle prenait toute la place. Au pied de ce lit, il y avait un petit cagibi, où maman faisait la tambouille. Quant à la nourriture, lorsqu'il y en avait, elle était entreposée dans une armoire, avec la vaisselle et le linge de toute la famille. Cette armoire occupait le mur de gauche en face du canapé, ainsi que la poussette des jumeaux qui leur servait de berceau.

Ces charmants nourrissons dormaient déjà comme des anges, au moment où, telle une tornade, nous avons fait irruption dans le logement. Monter un escalier est une chose banale mais, pour nous, cela devenait un jeu, une compétition. Maman, furieuse du bruit et de la bousculade, se rua sur nous et lança quelques gifles à la volée. Enfin, une fois calmé, j'aidai ma mère à déplier le canapé.

Cette opération n'était pas une mince affaire, car les pieds du sommier étaient cassés au milieu, à la pliure du lit, et l'on y mettait des cales. Celles-ci tenaient tant bien que mal, selon l'agitation qui régnait dans le lit. C'est ainsi que, fréquemment, on se réveillait le matin, les jambes en l'air, le corps endolori par une nuit passée dans ce sommier plié en deux comme un V.

Mon lit enfin prêt, je retirai mes galoches, ma culotte courte et mon chandail, et me couchai à côté de René. Maman, avant de rejoindre Michelle, éteignit la lampe à gaz qui était pendue au plafond. Le silence s'installa peu à peu dans le logis.

Mon corps s'était engourdi et mes idées commençaient à devenir floues, quand un appel me fit sursauter :

– Blanche ! Blanche !

J'entendis ma mère se lever en grommelant. Elle buta contre le canapé, puis, après l'avoir enjambé, se traîna jusqu'à la porte.

– Blanche ! Blanche !

– J'arrive, merde !

Je l'entendais chercher, en tâtonnant, le bouchon qui était enfilé dans un trou fait dans la porte en guise de verrou. Je la vis sortir sur la passerelle. Elle était à peine dehors, que je reconnus la voix de la mère Benoure, la voisine de dessous :

– Y a Tirache qui est en bas au bistrot, il vient d'arriver. Ben dis donc, il est pas beau ! Ça va encore être la sérénade. Mon bonhomme ne veut pas lui servir à boire, t'entends pas comme il gueule ?

Ça y est, ça recommence, à chaque fois que j'ai envie de dormir, papa arrive, pensai-je.

Maman rentra dans la chambre avec un haussement d'épaules. Elle ralluma la lumière puis alla s'asseoir sur le bord de son lit, d'un air las. Ses mains croisées tombaient sur ses genoux, elle attendait.

Moi aussi, j'attendais. Nous étions tous éveillés maintenant, à part les bébés qui ne connaissaient pas encore ces moments d'angoisse que nous partagions en silence.

Une espèce de terreur commençait à m'envahir en entendant le pas lourd de notre père monter l'escalier. Il rouspétait. Son ascension était difficile. Personne ne bougeait. Les couvertures ne laissaient apparaître que nos yeux. Maman avait l'air sans vie. Son regard était fixe.

Un instant, je souhaitai qu'il eût sommeil, qu'il se couchât sans mot dire, mais déjà, d'un coup d'épaules, la porte s'ouvrait brusquement et j'oubliai mon rêve.

Il était là devant moi. Il se retenait au chambranle de la porte, on aurait dit qu'il reprenait son souffle. Il me paraissait terriblement grand. Il avait le regard sombre, le front plissé, des peaux blanches sur les bords extérieurs des yeux. Sa bouche était contractée par une mauvaise grimace et de la bave coulait à la commissure des lèvres.

Il se décida enfin à entrer et, poussant la porte, il ne réussit pas à attraper le bouchon suspendu à la ficelle.

– Lève-toi, dit-il à ma mère. Lève-toi, j'te dis, salope, et viens fermer cette pourriture de porte !

Maman se leva et approcha craintivement. Elle enjamba le divan et passa derrière papa. Une fois la porte fermée, elle revint au milieu de la pièce. Lui, il ne bougeait pas. Il était planté devant moi et ne disait rien. Son regard perçant allait de l'un à l'autre.

– Tu veux manger ? demanda maman.

– Va t'faire enculer avec ta bouffe !

Il avança lentement et vint s'asseoir sur la chaise. Il passa une main dans ses cheveux en marmonnant.

– Si t'as pas faim, je me couche, insistait maman. Je suis fatiguée, figure-toi !

– T'es fatiguée ! Pas possible ! T'as encore été te faire bourrer, espèce de putain !

– Tu vas pas commencer, t'as vu l'heure ? Moi, je me lève pour aller travailler demain !

D'un bond, il se jeta sur maman. Mon cœur se mit à galoper. Sans plus attendre, je me levai et sautai dans ma culotte. Je me précipitai dehors, les yeux hagards, ma tête me faisait mal soudain. Je me reculottai en hâte tout en regardant, derrière la fenêtre, l'évolution de la situation.

Michelle était debout sur le lit. Elle pleurait et criait en trépignant. René, plus brave que moi, était accroché à mon père et lui envoyait des coups de pied dans les tibias.

– Tu vas laisser ma mère tranquille ! Salaud !

Michelle venait d'arriver près de moi, elle était toute tremblante. Je la pris dans mes bras. Nous regardions cette nouvelle querelle serrés l'un contre l'autre. Nos dents claquaient avec frénésie.

Ils se tenaient à bout de bras. Maman recevait quelques gifles qu'elle avait tenté d'esquiver. On entendait les ordureries que papa criait. René était toujours dans la mêlée.

J'étais paniqué, je ne pouvais supporter ces bagarres incessantes.

La voix tonitruante de mon père avait fini par réveiller les petits qui hurlaient. Papa balança ma mère d'un geste brusque, sur la poussette.

– Fais-les taire, dit-il à ma mère qui avait perdu l'équilibre et gisait sur le sol.

René se précipita vers maman et tenta de la soulever.

– De quoi tu t'occupes, morveux, et où sont Michelle et Jean ? demanda mon père.

– J'sais pas moi, ils ont foutu l'camp, répondit-il en se protégeant le visage.

– Va les chercher ! cria mon père, hors de lui.

René détala à toutes jambes. En passant la porte, il nous vit. Michelle était toujours blottie contre moi, toute tremblante, le visage inondé de larmes.

– Y dit qui faut qu'vous rentrez.

– Non ! Non ! Z'veux pas ! criait Michelle en hoquetant. Elle tenait ses petites menottes crispées sur les bretelles de mon maillot de corps et elle tirait dessus de toutes ses forces.

Je vis soudain mon père sur le pas de la porte, les yeux exorbités, les cheveux en pagaille ; de sa bouche sortait un mince filet de mousse blanche.

– Allez, oust ! fit-il en nous montrant du doigt l'intérieur de la pièce.

Je soulevai Michelle dans mes bras, elle ne pleurait plus, elle ne criait plus, son regard était fixe et son corps raide. René passa la porte devant moi. Je le suivais de près. Papa allait entrer à son tour, quand la mère Benoure se mit à crier de la cour :

– T'as pas bientôt fini ton bordel ! Pense à tes gosses !

Mon père fit volte-face et se pencha sur la balustrade :

– Va t'faire enculer !

Profitant de cette diversion, Michelle m'échappa et traversa le canapé à quatre pattes, pour aller se cacher derrière maman. J'étais planté à l'entrée de la chambre, ne sachant ce que je devais faire. Je n'eus pas à réfléchir longuement. Papa venait de me saisir une oreille et tirait dessus fortement.

René alla rejoindre Michelle en courant.

– Regarde ce que je vais en faire de tes bâtards si tu pars !

Il avait sorti un couteau de sa poche et l'avait mis sur ma gorge. J'étais pétrifié et je retenais ma respiration. Je me hissai peu à peu sur la pointe des pieds, mon oreille me faisait souffrir, je la sentais prête à se détacher de mon crâne. La lame d'acier était posée à plat sous mon menton. Je sentais le froid qui s'en dégageait me parcourir le corps. Maman, faisant un geste de la main, intervint :

– J't'ai jamais dit que j'te quitterais !

– Pas de salade avec moi, j'sais c'qu'on m'a dit ! J'vais tous les tuer tes bâtards ! Ordure !

Je sentais la pression du couteau augmenter de plus en plus.

– C'est pas vrai ! criait maman. C'est pas vrai ! J'ai jamais dit ça !

Je ne voyais plus rien, des larmes coulaient sur mes joues. Et ma tête semblait prête à éclater. J'entendais comme un martèlement. Mais non, ce n'était pas ma tête, c'étaient des pas, on venait, j'entendais courir maintenant.

Tout bascula tout à coup. Je me sentis soulevé de terre. J'atterris avec fracas sur le canapé, dont les cales s'écroulèrent sous le choc. J'avais très chaud maintenant, une sorte de fièvre m'envahissait. J'ouvris les yeux doucement.

Papa essayait de se débattre, coincé entre quatre colosses en blouse blanche. Il poussait des cris rauques, des cris de bête féroce. La passerelle était envahie de flics.

Je me retournai soudainement à plat ventre et cachai mon visage dans les couvertures. Mes poings étaient serrés avec force sur mes oreilles. Je ne voulais plus rien voir, ni entendre, ni vivre. Je ne voulais plus rien. Je n'étais plus rien.

Je sanglotais à tout rompre. L'effroyable peur de ces derniers instants s'extirpait de mon être avec mes larmes, pour faire place à un désarroi, à une impression de néant qui me revint ensuite à maintes occasions.

Combien de temps suis-je resté là ? Je ne saurais le dire. Plus rien ne comptait. Tout s'embrouillait dans ma tête : les flics, le couteau, les cris, les infirmiers, le visage défait de Michelle, les yeux suppliants de maman, la figure effrayante de papa, toutes ces images tournaient, tournaient, tournaient...

J'étais fou, complètement fou, ou bien j'avais rêvé, oui, c'est ça, c'était un cauchemar, un mauvais rêve comme on en fait quand on est gosse !

Une main me secouait l'épaule. Je me retournai d'un bond.

–Jean-Jean, il faut te coucher, tu ne pourras jamais te lever pour aller à l'école demain ! disait maman d'un ton las.

Je la regardai d'un air ahuri, puis je me soulevai sur les coudes et jetai un regard circulaire dans la chambre.

– Allons, couche-toi, c'est fini, ils ont emmené ton ordure de père, ajouta-t-elle en s'impatientant.

J'enlevai ma culotte et me couchai auprès de René. Il me regardait, me scrutait avec insistance. Maman éteignit la lumière.

– Hé ! Il t'a fait mal ? chuchotait René.
– Non, ça va.
– T'as eu peur ?
– Ben voui !
– Ça suffit ! Taisez-vous ! grondait maman.
On ne dit plus rien.
J'étais épuisé.
Il me fallait dormir, dormir et oublier. Mais dans ma petite cervelle de garçonnet de cinq ans, il y avait déjà trop de choses à oublier, trop d'événements gravés à tout jamais, trop de larmes, de misère, de faim, de crasse, de laideur, de solitude, de détresse...

Je ne pouvais trouver le sommeil. Mon corps était constamment secoué par des tremblements. J'entendais de temps en temps un hoquet puis de profonds soupirs que laissait échapper Michelle.

Les jumeaux dormaient à poings fermés. S'étaient-ils seulement rendu compte que cette soirée aurait pu être la dernière ? Ils n'avaient que quelques mois et ne connaissaient pas encore la peur, les sueurs froides coulant le long de l'échine. Ils n'étaient que deux petites choses de rien du tout qui dormaient tout le temps ou braillaient pour réclamer de la nourriture. Enfin, les disputes des parents leur faisaient bien piquer d'énormes colères, mais le calme revenu, ils s'endormaient.

Michelle, en revanche, vivait ces moments avec une intensité extrême. Je l'observais instinctivement, au moment où notre père apparaissait sur le pas de la porte. Son petit visage devenait livide, il était comme vidé de son sang. Ses yeux s'écarquillaient, telles des billes noires. Elle était consciente du danger. Elle avait deux ans passés et partageait déjà notre enfer, notre destruction.

René était peureux et craintif. Pourtant, il ne craignait pas de s'interposer entre nos parents afin d'éviter le pire. Il était mon aîné d'une année, et bien que j'aie toujours été plus costaud que lui, je ne pensais qu'à me protéger et non à défendre ma mère.

Nous étions donc cinq mômes. Cinq en cinq ans. Des enfants d'après-guerre, puisque les naissances s'étalaient de 1944 à 1949. Une bonne moyenne pour maintenir la courbe des naissances en France mais, pour les parents, ce fut une sacrée tuile.

Combien de temps passa avant que je m'endorme, il était impossible de le dire. Les nuits, ces nuits horribles qui me torturaient, étaient si longues et si courtes à la fois.

–Jean-Jean, debout !

J'ouvris un œil, puis l'autre, ma main se porta à mon cou d'un geste rapide, il n'y avait rien. Aucune trace, si ce n'est la lourdeur de mon crâne. Je me retournai et constatai que papa n'était pas là. Il s'était bien fait embarquer, sinon il serait là, en train de ronfler.

Il nous gâchait nos nuits, mais lui dormait tard dans la journée. Une fois adulte, moi aussi, je dormirai le matin, il n'y aura plus d'école, ce sera beaucoup mieux certainement.

– Alors, crie maman, tu te dépêches !

– Ouais !

J'enfilai mes hardes, mes galoches, bus d'un trait mon lait chaud, attrapai mon sac de classe et parvins sur la passerelle.

Il faisait encore nuit et surtout très froid. L'hiver était pénible à supporter. Il n'y avait jamais de chauffage à la maison mais nous n'y étions que la nuit. Dehors, le vent, le froid ou la pluie nous transperçaient jusqu'aux os. Nous n'avions pas de pantalon ni de manteau fourré. Nos fringues étaient presque toujours trop petites, élimées, et ne correspondaient pas du tout à la saison. Nous avions au mieux une veste pour nous couvrir, mais dans quel état ! Les manches étaient trop courtes, les boutons se faisaient rares. Il y avait de quoi attraper la crève. Pourtant, nous étions rarement malades.

Maman sortit avec les jumeaux dans ses bras. Michelle portait son sac et René arrivait avec la poussette. J'aidai René à descendre l'escalier en bois, chacun soulevant de son mieux cette poussette si lourde qu'elle faillit plus d'une fois nous faire trébucher, au risque qu'on se casse le cou.

Dans la cour, madame Benoure vint nous voir.

– Bonjour, les enfants, ça va ce matin ?

– Ça va.

– Bonjour, Blanche. Alors, il était temps que j'appelle les flics hier. Tu devrais faire gaffe, il devient de plus en plus fou.

– Tu parles, y s'est juste foutu dans la tête que j'voulais m'tirer. C'est tout, ça lui passera.

– Mais les gosses, tout de même, tu crois qu'c'est une vie pour eux !

J'aperçus un éclair dans le regard de ma mère. Elle tourna les talons, posa les petits dans la poussette et partit sans répondre en haussant les épaules.

Je me mis à marcher derrière elle, mais gardai ma tête tournée vers cette femme que maman venait de planter là. J'avais envie de revenir sur mes pas, de me jeter dans ses bras, de me faire câliner un peu. Mais ma mère me rappela à l'ordre.

– Avance donc, tu crois que j'ai qu'ça à faire d'écouter les sornettes de la mère Benoure ? Elle ferait mieux d's'occuper d'ses fesses, celle-là !

J'étais un peu triste et pensif. Elle était gentille avec nous, madame Benoure. Elle me consolait parfois, quand j'arrivais à m'échapper le soir. Je la trouvais dans la cour, inquiète, hissée sur la pointe des pieds, essayant de voir ce qui se passait à la maison. C'était elle qui appelait les flics. Quand elle me voyait, elle me prenait dans ses bras, savait trouver les mots qu'il fallait pour m'apaiser. Elle m'entraînait chez elle parfois, et j'y dormais paisiblement, en sécurité. Ma mère n'aimait pas tellement ça et je me faisais engueuler le matin, sans ménagement. Madame Benoure avait aussi une façon de me passer la main sur la tête en ébouriffant mes cheveux qui me faisait croire, sans que nous échangions un seul mot, qu'elle me comprenait et, surtout, qu'elle m'aimait bien.

Nous marchions d'un pas rapide, bien que je n'aie jamais été pressé d'arriver à l'école. Maman, après nous avoir laissés à l'école Marjolin, déposait les jumeaux à la crèche, puis filait à son travail.

Ah ! Comme je détestais l'école ! Cet endroit lugubre où j'avais l'impression d'être jeté en pâture dans un monde qui n'était pas le mien.

Tout y était hostile.

Les autres enfants me narguaient dès l'entrée de l'établissement où ils faisaient des adieux à leur mère qui n'en finissaient pas. Et que j't'embrasse, et que j'te rajuste le petit bonnet, et que j'te rembrasse, et que j'te fais des recommandations, et que j'te fais de grands gestes d'au revoir, le tout pimenté de regards en biais, lancés dans ma direction, pour bien me faire sentir la différence qu'il y avait entre nous.

Les instituteurs prenaient la relève à l'entrée de la cour. Il y en avait toujours un qui m'attrapait du bout des doigts par le paletot, pour me faire remarquer la façon dont j'étais attifé, et qui me bousculait d'un air dégoûté en direction de la cour, comme si j'étais un pestiféré.

À l'intérieur de la classe, c'était beaucoup mieux. J'étais au fond, on m'interpellait rarement, juste de temps en temps pour faire rire la classe, parce que je dormais. Il fallait bien que je récupère les heures de sommeil qui me manquaient. L'endroit était idéal. Il faisait chaud, le ronronnement des paroles de l'instituteur avait tôt fait de venir à bout de ma fatigue. Je m'endormais ainsi, l'esprit calme et serein.

Le réveil était brutal. Soit un coup de règle sur la tête, soit une oreille tirée et c'était l'éclat de rire général devant mon regard hébété et l'air satisfait de l'instituteur.

On m'envoyait dehors pour me réveiller complètement. J'en profitais, dès que j'avais repris mes esprits, pour aller soulever les grilles d'égout de la cour afin d'y récupérer des billes. J'allais aussi dans les toilettes pour ramasser les chewing-gums qui traînaient sur le sol et, après les avoir rincés, je les mâchais avec plaisir, fier d'être libre pendant que tout le monde travaillait.

Il y avait un moment qui me plaisait tout particulièrement, c'était l'heure du repas. Nous mangions à la cantine le midi, et là, je me gavais de tous les plats. Les repas étaient formidables. Les menus changeaient chaque jour. Moi qui ne mangeais pratiquement que des nouilles à la maison, je prenais ces repas pour des festins. Il y avait des gosses qui repoussaient d'un air dédaigneux leur assiette, moi, je me jetais dessus pour dévorer gloutonnement. Je finissais tous les restes, je n'étais jamais rassasié.

Pendant les récréations, je m'amusais en général avec René, car les mômes n'étaient que des pleurnichards et acceptaient rarement de jouer avec nous.

Comme je les haïssais ces mioches de riches !

Ils n'étaient peut-être pas riches, mais je les imaginais ainsi. Leur vie ressemblait si peu à la mienne. Je ne connaissais pas d'autres manières de vivre que la nôtre, mais je sentais bien qu'il y avait autre chose, des gens différents, des gens qui avaient de l'argent. Cette barrière qui séparait le monde en deux catégories de gens, c'était le fric. Pourquoi certains en avaient-ils et d'autres pas, je ne trouvais pas de réponse à cette question.

J'enviais un peu ces enfants qui passaient inaperçus, qu'on ne remarquait pas, qui semblaient normaux. Mais qui est normal et qui ne l'est pas ? Encore une question sans réponse. J'enviais leurs vêtements et, surtout, les baisers des mamans qui venaient à la sortie de l'école chercher ces petits cons prétentieux qui se moquaient continuellement de nous.

Je regardais toujours si ma mère n'était pas là à nous attendre, pour leur faire voir que, moi aussi, j'avais une maman. Mais à quoi cela aurait-il servi ? Si elle était venue, elle ne nous aurait pas embrassés, au contraire, son accueil n'aurait été fait que de reproches. Elle nous aurait dit :

– Regardez-moi ça ! Vous avez l'air d'être des cloches à côté de ces enfants bien élevés, vous êtes bien comme votre père, de la graine de voyou !

Elle avait honte de nous, mais ma honte était encore plus importante que la sienne et se transformait en rage. Je serrais les poings de colère et je m'enfuyais en courant jusqu'à la maison. Je jetais mon sac d'école dans la chambre et repartais aussi vite dans la rue.

La rue était mon univers. C'était le seul endroit où j'étais libre, totalement libre. J'y oubliais tout, ma mère, mon père, l'école, les gens, les enfants. J'étais heureux !

Eh oui, il m'arrivait parfois d'être heureux malgré cette chienne de vie. Mais quand j'étais heureux, c'était toujours au détriment de quelqu'un.

Mes jeux étaient en général synonymes de destruction. Je ne détruisais pas avec l'intention de nuire, non, je détruisais pour le plaisir, pour m'amuser, sans vouloir faire de mal à qui que ce soit. Je m'amusais avec les moyens du bord. L'idée que je causais parfois du tort à quelqu'un ne m'effleurait jamais. Ce que je voulais, c'était m'amuser avec la première idée qui me venait à l'esprit. Et il me venait des tas d'idées, toutes plus folles les unes que les autres.

J'avais un jeu qui me faisait passer de bons moments et qui était fort simple. À chaque fois que je trouvais un vieux pneu abandonné, et il était fréquent d'en trouver sur le terrain vague en face de chez moi, je le mettais de côté jusqu'au soir. La nuit venue, les gens étant rentrés chez eux, je prenais mon pneu sous mon bras et je grimpais à un réverbère. Je l'enfilais et le laissais tomber à terre, après quoi je pouvais redescendre. Cela n'avait rien de drôle en soi mais, le lendemain, après que des tas de gens étaient passés à côté de ce pneu avec étonnement, il s'en trouvait bien un qui appelait l'Électricité de France. Je voyais alors, quelque temps plus tard, un agent de l'EDF venir en râlant scier le pneu. Moi, j'étais planqué et me tordais de rire de cette bonne farce.

Ce n'était vraiment pas méchant.

J'eus un autre amusement qui, lui, dura assez longtemps. Il y avait une autre parcelle de terrain à l'abandon dans notre rue, qui était close par un mur de briques. J'aimais beaucoup grimper sur ce mur et y marcher en équilibre, les mains dans les poches. Ce mur était très haut pour moi et faisait cinquante mètres environ. Un jour, pendant mon numéro d'équilibriste, une brique bougea. Je m'arrêtai, revins un peu en arrière et tâtai du bout du pied cette brique chancelante. Elle finit par tomber.

Je me remis à tâtonner du pied pour essayer d'en faire tomber une deuxième. Voyant que les briques tenaient bon, je m'acharnai dessus, j'envoyai des coups de pied, jusqu'à ce qu'une enfin cède. Et c'est ainsi que commença cette longue entreprise qui me fit démolir le mur en totalité.

Combien ai-je mis de temps ? C'est impossible à dire. Mais quelle satisfaction, chaque jour, de voir la tâche que je m'étais fixée prendre de l'avant. Je recevais bien une engueulade de temps en temps par les badauds, mais quelle importance ? Un jour, le tas de briques disparut. La ville avait fait déblayer les gravats. Mon jeu était terminé, il fallait que j'en trouve un autre.

S'il n'y avait plus de mur, il me restait toujours le terrain, ce qui n'était pas si mal. J'étais très débrouillard pour mon âge et, surtout, j'avais un sens de l'observation très développé. C'est ainsi que, bien que très jeune, j'avais trouvé la possibilité de faire ce que j'appelais « un feu d'artifice » pour amuser les gamins de la rue. Cela me valorisait un peu à leurs yeux, ce qui ne me déplaisait nullement.

Le plus difficile était de me procurer du carbure. Il n'y en avait pas chez moi et je n'avais pas d'argent pour en acheter. Les garagistes à l'époque en avaient tous, car le carbure était utilisé pour souder. Je me glissai discrètement dans un garage, afin de dérober quelques poignées de cette poudre magique et le tour était joué. Je l'enfouissais dans mes poches et retournais sur le terrain vague où mon public m'attendait impatiemment. Pendant que je faisais ce petit détournement de carbure, les copains étaient chargés de me procurer une bassine d'eau, une bouteille vide avec son bouchon et un bon tas de pierres.

Dans le silence le plus complet, devant le petit groupe de gosses attentifs et impatients, je commençais ma préparation. Je mettais la poudre dans la bouteille. Puis je la refermais soigneusement avec son bouchon que je perçais de petits trous. Je la plongeais ensuite dans l'eau en la maintenant au fond et je la recouvrais rapidement de toutes les pierres qui m'avaient été préparées.

L'eau pénétrait dans la bouteille et, au contact de la poudre, se mettait à bouillonner en émettant un sifflement. Il ne nous restait plus qu'à détaler et à nous planquer derrière les monticules de terre que nous offraient les aspérités du terrain. Il fallait faire très vite car l'explosion était rapide et provoquait de grands jets de pierres. Les réactions ne se faisaient pas attendre, les voisins ouvraient leurs fenêtres, d'autres sortaient sur les trottoirs, mais ils ne voyaient rien qu'un filet de fumée qui s'échappait du terrain. Nous ne bougions pas de notre planque avant que tout le monde soit rentré au bercail.

J'avais droit aux félicitations de l'assemblée, ce qui me donnait l'occasion de rouler un peu plus des épaules devant eux.

Personne ne me prenait jamais sur le fait, j'étais suffisamment malin pour ne pas me faire attraper. Seulement, certains gamins étaient un peu trop bavards pour garder secret ce genre d'amusement. Maman finit par connaître mes occupations, ce qui lui donna l'occasion de me corriger, corrections qui étaient toujours accompagnées d'insultes du style :

– T'es bien une ordure comme ton père, mais qu'est-ce que j'ai fait au bon Dieu pour avoir des pourritures comme vous ?

Qu'avait-elle fait au bon Dieu ? Je ne le connaissais pas encore celui-là, mais je n'ai pas tardé à en entendre parler. Au patronage, on nous racontait sa vie. Il avait l'air bien. On nous parlait aussi de son fils Jésus, il paraissait bien gentil ce mec, mais qu'est-ce qu'il était con ! Il se laissait toujours faire, tout le monde lui faisait du mal et il ne se défendait même pas ! Quand je serai grand, je ne ferai pas comme lui. Il n'y aura pas intérêt à ce que quelqu'un m'emmerde, sinon je lui mettrai mon poing dans la gueule ! Je n'aimerais pas qu'on me prenne pour un imbécile ou un froussard !

Je jouais rarement avec René en dehors de l'école, car il avait la fâcheuse tendance de moucharder. En revanche, la compagnie de Michelle était plus agréable. Je l'emmenais souvent le jeudi matin sur la place du marché. Nous nous baladions entre les divers étalages et attendions avec impatience que les forains remballent leurs marchandises. Quand la place était vide, nous cherchions les fruits à moitié pourris et nous les mangions.

La collation terminée, nous ramassions les cageots et rentrions à la maison avec. Nous entassions notre prise sous le lit de maman, ce qui déclenchait chez elle de belles colères. Cela n'avait pas d'importance, car le jeudi suivant, nous recommencions.

Il y avait dans le quartier une petite fille de mon âge pour laquelle j'avais une grande attirance. Elle m'aimait beaucoup et m'admirait encore plus. Elle était comme moi, une enfant de la rue. Ce qui était formidable avec Josiane, c'est qu'elle était toujours d'accord avec moi.

Nous aimions nous promener main dans la main. L'été, quand il faisait très chaud, nous nous mettions en slip dans la rue et nous faisions un barrage dans le caniveau avec nos vêtements. Il se formait une petite mare dans laquelle nous nous étendions côte à côte. Nous n'étions, hélas !, pas toujours aussi calmes qu'à ces moments-là.

Un jour qu'il faisait particulièrement chaud et que l'on s'ennuyait mortellement, en se promenant dans notre rue, j'eus soudain une idée formidable. Une idée qui, j'en étais sûr, allait plaire à Josiane.

Derrière la palissade qui longeait le trottoir où nous marchions, il y avait un terrain sur lequel était entreposé un immense tas de fagots qui appartenait à un charbonnier :

– Hé, Josiane, si on allait mettre le feu au tas de bois qui est derrière, viens, tu verras comme ce sera beau !

Josiane se montra emballée. La rue était déserte, ce qui était vraiment un coup de chance. Le grand portail en bois avait été fermé, mais ce n'était pas un obstacle pour moi car les planches étaient vieilles et je n'eus aucun mal à en briser quelques morceaux à la base, juste ce qu'il fallait pour que nous puissions nous frayer un passage.

Je la revois encore, cette gigantesque montagne de fagots entassés pêle-mêle. J'étais très excité. Je marchais lentement en regardant le haut puis le bas. Josiane riait en tapant des mains. Je lui fis signe de se taire et je sortis une boîte d'allumettes de ma poche. J'en avais toujours une sur moi, ça me servait à allumer les mégots qui traînaient dans la rue.

Crac ! Crac ! Ça y allait, les allumettes. Le feu ne voulait pas prendre. Je cherchai s'il n'y avait pas du papier ou du carton qui pourrait faire mon affaire. J'envoyai Josiane me ramasser tous les petits bouts de papier qu'elle trouverait. J'en fis une boule que j'allumai aussitôt après l'avoir glissée sous les brindilles.

De petites flammes commençaient à danser, elles montèrent de plus en plus haut, s'étendant de droite et de gauche. Un ronflement sourd les accompagnait. Je poussai Josiane en arrière car la chaleur devenait insoutenable. C'était magnifique. Je ne pouvais détacher mon regard du spectacle qui s'offrait à mes yeux. Les flammes devenaient floues, elles paraissaient enveloppées d'un brouillard.

Soudain je pris peur, l'incendie s'était propagé sur toute la longueur et l'on ne voyait même plus le sommet du tas de fagots. J'attrapai la main de Josiane et je courus vers la sortie du terrain. Je glissai ma tête par le trou fait dans le portail et ne vis que quelques personnes qui arrivaient au bout de la rue. Nous nous sommes enfuis dans la direction opposée.

Après avoir tourné le coin de la rue de Lorraine, nous nous sommes arrêtés pour reprendre notre souffle. Comme je voulais voir ce qui allait se passer, nous avons fait un grand tour par la rue d'Alsace, parallèle à la nôtre, afin de nous retrouver derrière les gens qui avaient été attirés par l'incendie.

Pendant cette promenade, j'entendis les sirènes des pompiers et de la police ; ils avaient dû être appelés sur les lieux du sinistre. Lorsque nous sommes arrivés, il y avait un énorme attroupement près de l'entrepôt. Nous nous sommes approchés puis mêlés à la foule pour mieux voir. Les bonnes femmes disaient :

– Ça doit encore être un de ces gamins crasseux du quartier. C'est vraiment de la vermine !

Je suis aussitôt revenu sur mes pas, car je craignais qu'une personne nous ait aperçus. Nous nous faufilions entre les gens quand je vis ma mère qui rentrait du travail. J'ai changé à nouveau de direction afin de l'éviter. J'ai renvoyé Josiane chez elle et, de mon côté, je suis parti faire un tour un peu plus loin.

Lorsque je suis rentré le soir, en voyant le regard noir de maman et ses poings sur les hanches, j'ai tout de suite compris qu'elle savait. Personne d'autre qu'elle n'était au courant, mais elle m'avait aperçu dans la foule et, devant ma fuite, elle s'est doutée que je n'étais pas étranger à ce qui arrivait. Je reçus donc une bonne correction.

Mes heures de liberté étaient ainsi faites et, curieusement, je ne pensais jamais à la soirée que je devrais affronter à nouveau. Mes jeux balayaient mes problèmes, j'étais un autre, j'avais deux vies.

Il nous est arrivé parfois de passer des soirées calmes, des soirées où je me sentais presque un petit garçon comme les autres. En ai-je passé seulement une dizaine, je n'en suis pas tout à fait sûr.

Je ne pourrai jamais oublier quand papa arrivait en fin d'après-midi, marchant presque droit, un mégot de roulé au coin des lèvres. Il montait à la maison et on le suivait. Il s'asseyait sur la chaise et réclamait une cuvette d'eau pour se baigner les pieds. On s'exécutait puis on se mettait autour de lui sans dire un mot. Alors, il commençait à nous raconter des histoires.

Il disait qu'il était à la pêche et faisait semblant de tenir une ligne.

– Regardez, les enfants, ça mord ! prétendait-il.

Il nous prenait vraiment pour des cons. Un jour, il me prit la main ; la posant sur sa tête, il me fit toucher une bosse. Il nous raconta que, pendant la guerre, une nuit qu'il montait la garde, un Boche lui avait assené un coup de crosse. Comme mon père était le plus fort, il avait sorti son couteau et lui avait ouvert le ventre.

Il nous faisait aussi voir son livret militaire et, nous montrant les lignes écrites en rouge, nous disait qu'il y était inscrit comme un très bon soldat. Il ajoutait même qu'on l'avait décoré et il nous promit de nous montrer un jour ses décorations. Je ne les ai jamais vues, je ne l'ai jamais cru non plus.

Comment aurais-je pu imaginer que mon père avait été différent de ce qu'il était ? C'était impossible ! Et s'il avait réellement été ce soldat valeureux, pourquoi avait-il changé ? Pourquoi n'était-il qu'une loque ? Pourquoi n'était-il pas comme certains hommes que je croisais clans la rue, marchant d'un pas décidé, propres, ayant l'air d'avoir un but ? Pourquoi ne travaillait-il pratiquement jamais ?

Ce dont j'étais absolument sûr, c'est qu'il était menteur. Il ne nous racontait que des histoires et, en plus, il jouait la comédie.

Il nous est arrivé plusieurs fois, en rentrant de l'école, de le trouver gisant sur le sol, en travers de la pièce. Ses yeux étaient fermés et il gémissait doucement. Nous nous précipitions sur lui, affolés, et alors il nous disait qu'il avait très mal, qu'il allait mourir. Aussitôt que l'on parlait d'aller chercher de l'aide, comme par hasard, il allait mieux. Il se relevait en disant que c'était passé.

À chaque fois qu'il a fait le coup, j'ai eu très peur que ce soit vrai. Et quand je le voyais se relever, cette crainte se transformait en haine. Je le détestais, il m'écœurait avec ses mensonges, sa bassesse. J'étais pourtant prêt à l'aimer très fort, à le soigner s'il en avait eu besoin, mais il se jouait de nous et je le méprisais. Il ne me restait plus qu'à repartir dans la rue pour m'étourdir à nouveau.

Maman m'envoyait parfois, au soir, le chercher dans les bistrots du quartier. Je n'osais pas entrer dans ces endroits et je restais derrière la porte vitrée à essayer de voir, à travers la buée et la fumée, si papa était là ou non. Lorsque je le trouvais et qu'on le prévenait de ma présence, il me faisait signe de venir près de lui. Je m'approchais craintivement dans ces lieux qui me paraissaient sordides, et lui, fier de sa personne, m'attirait contre lui en disant à la ronde :

– Regardez ! C'est mon Jean-Jean, ça, ce sera un homme. Donnez-lui une grenadine ! ajoutait-il d'une voix autoritaire.

Il interpellait tout le monde :

– Venez voir mon fils ! Ah ! je suis fier de lui, c'est un beau garçon comme son père !

J'aurais aimé me glisser dans un trou de souris. Ma grenadine avalée, je le tirais par la jambe en lui demandant de rentrer à la maison. Il n'était pas pressé, me proposait d'autres verres que je refusais.

– Viens papa, on rentre !

– Ouais ! Allez patron, encore un p'tit canon !

– Écoute, Tirache, tu devrais rentrer, t'as vu l'heure ! D'ailleurs, je vais fermer.

– Tu m'en mets encore une giclée et j'rentre, répondait papa.

Ça lui faisait encore un verre de rouge de plus. Combien en buvait-il chaque jour, trop, beaucoup trop. Il n'avait jamais les idées bien claires, il se levait avec l'esprit embué par l'alcool ingurgité la veille et attaquait chaque journée avec sa boisson favorite.

Enfin, nous rentrions. Je marchais derrière lui et le regardais tituber. Il parlait tout seul, faisait de grands gestes, s'arrêtait pour réfléchir et repartait ensuite. Il se retournait de temps en temps pour me dire que ma mère était une salope ou une putain, que c'était de sa faute à elle, que tout était de sa faute, que je ne pouvais pas comprendre mais qu'un jour je m'en apercevrais. C'était chaque fois les mêmes litanies, et je m'en foutais royalement. J'avais sommeil, cela seul m'importait.

Ces nuits-là, il ne disait rien en arrivant, il n'avait plus envie de parler, d'ailleurs il avait déjà tout dit et ça devait le bercer car, aussitôt entré dans la chambre, il se jetait sur le lit et s'endormait aussitôt.

Dès qu'il émettait un ronflement, j'aidais maman à le déshabiller. Elle le soulevait de son mieux et je lui faisais glisser sa cotte. Il avait un sommeil de plomb. Le plus pénible pour moi était de lui retirer ses chaussettes qui ressemblaient plus à du carton puant qu'à autre chose. Il me répugnait avec son slip trop grand d'où s'échappait tout ce qui lui restait pour prouver qu'il était encore un homme. Il avait sur les cuisses des auréoles de crasse, ça sentait l'urine et bien d'autres choses. Je n'étais pas élevé dans le coton et la soie, moi aussi j'étais sale comme un peigne, j'avais des poux, des croûtes derrière les oreilles, mais il me dégoûtait tout de même.

Il était l'homme le plus vil qui existait. Quand il allait à la selle, il le faisait devant nous, se déculottait sans gêne, pissait ou chiait, se torchait sous notre nez, renversait parfois le seau « hygiénique », laissant se répandre les excréments et pataugeant dedans, les pieds nus, sans dégoût, et rentrait le plus naturellement du monde dans le lit. La nuit, il urinait dans notre dos en dormant, et l'on passait la nuit ainsi, sans même se laver ni se changer, pour aller à l'école le lendemain.

Parfois, il allait rejoindre maman dans son lit. Il lui retroussait sa chemise jusqu'au cou, lui tripotait les fesses, puis s'agitait sur elle en lui palpant les seins comme un boulanger pétrit sa pâte. On les entendait haleter et gémir sans comprendre, nous les regardions faire, cela ressemblait un peu à une bagarre mais ce n'était pas pareil. Papa se laissait tomber tout à coup sur maman, puis après un instant de repos se relevait, le sexe pendant et dégoulinant, et venait se coucher avec René et moi. Maman se relevait alors pour éteindre la lumière et se recouchait aussitôt.

Ces soirées qui étaient relativement calmes, je ne les aimais pas plus que les autres, elles étaient différentes, c'est tout. Quant aux journées, elles étaient presque toutes identiques. Il y eut tout de même quelques dimanches où nous sommes allés faire une promenade au bois de Boulogne. C'était toute une expédition.

Maman préparait le pique-nique et l'on partait de bonne heure le matin car il fallait traverser Neuilly à pied. Mon père mettait son litron de pinard dans sa musette, ma mère son filet avec la boustifaille dans une main et dans l'autre la main de Michelle. René et moi, nous nous occupions de la poussette. Dès que nous ne nous sentions plus surveillés, nous nous mettions à courir en poussant notre tas de ferraille que nous imaginions être une voiture.

Et voici la famille partie sur les routes. Mon père gueulait après ma mère pour ne pas changer. Nous allions en général vers le lac.

Quand nous arrivions, c'était l'heure du repas. On s'asseyait par terre et l'on mangeait des tartines de saindoux avec du boudin et des patates à l'eau. C'était le festin. Papa ne touchait pas au repas, il préférait picoler. Quand il en avait assez d'emmerder le monde, il s'endormait.

René et moi, sitôt le repas ingurgité, allions à la recherche d'une fontaine. Histoire de m'amuser un peu, je me couchais sous le robinet et arrosais les passants en faisant pression avec mon doigt. Comme je me faisais copieusement sermonner, j'en profitais pour vomir mon répertoire d'injures.

Je ne pouvais pas les encaisser ces sales cons qui se baladaient au bois avec leurs mioches bien sapés et leur chien-chien à sa mémère. Ce que j'aimais aussi, c'était ramasser les têtards avec un bout de chiffon en guise d'épuisette. Je m'amusais un peu avec, puis je les tuais.

Quand il fallait rentrer le soir, c'était une longue marche triste car ces dimanches étaient rares et passaient trop vite.

Un jour pourtant, mon père décida que l'on irait passer le dimanche chez Didine, sa sœur. Elle habitait à Us dans l'Oise, c'était le bout du monde. Elle était gardienne d'un château, et en fait, pour moi, c'était la châtelaine.

Le samedi après-midi, on vit mon père, complètement ivre, arriver en camion avec un charbonnier de la Porte Champerret. Mes parents sont montés dans la cabine et tous les gamins se sont installés dans la benne. Le trajet a été fantastique, on s'amusait follement et quand nous sommes arrivés à Us, nous étions noirs de la tête aux pieds. Ma mère criait après nous tant qu'elle pouvait, mon père criait après ma mère pour nous défendre, enfin l'arrivée chez notre tante fut très mouvementée.

J'étais réellement bien là-bas. J'ai passé mon dimanche dehors à me distinguer. J'ai commencé par trouver que, chez les voisins, il y avait plus de légumes que chez ma tante. Je suis donc allé en déterrer un paquet que j'ai replanté dans le jardin du château. Chez un autre voisin, j'ai piqué des truites qui se délassaient dans un vivier et je les ai apportées à ma mère qui s'est empressée de me dire de la fermer après les avoir déposées dans son sac. Je me suis baladé avec un vélo, pas sur la route, non, sur la voie ferrée, c'était plus amusant. Et, avant de rentrer, j'ai profité de mon escapade pour aller crever la citerne d'eau qui alimentait le village. C'était une journée bien remplie qui était déjà finie. Le charbonnier est venu nous chercher le dimanche soir pour nous ramener à Levallois.

Cette unique entorse à notre vie quotidienne m'avait comblé de bonheur. Hélas, notre destinée était de vivre à « la cour des Miracles », c'est ainsi que les gens du quartier nommaient le bâtiment du 37, rue de Lorraine. Cette dénomination était bien la seule qui pouvait convenir.

Dans ce vieux quartier de Levallois que la guerre avait épargné, les appartements avaient été scindés en plusieurs logements d'une pièce chacun, et pris d'assaut par des familles misérables qui n'avaient pas les moyens de s'offrir le confort. C'est ainsi que ces familles nombreuses se retrouvaient entassées dans des taudis dont l'exploitation faisait l'aubaine des propriétaires. Un seul point d'eau et un water situés dans la cour étaient mis à la disposition de cette horde de pouilleux. Cet éden a disparu aujourd'hui et a été remplacé par des HLM. La devanture est plus belle mais, à l'intérieur, on y a encore parqué une certaine catégorie de gens.

Nous étions les plus pauvres de notre entourage, mais celui-ci n'était pas très brillant. Il n'était composé que de familles crasseuses avec une ribambelle de gosses qui partageaient, sans douceur, la folie et l'ivrognerie des parents. Nous étions tous nés naturellement, comme des bêtes, et rien ne nous était épargné. Qui donc aurait eu le courage d'intervenir ? Personne n'osait s'aventurer dans notre immeuble. Nous étions irrémédiablement maudits.

Les hommes travaillaient en général, sauf chez nous. C'était ma mère qui allait gagner à l'usine un salaire de misère qui ne suffisait pas à nourrir tant de bouches affamées.

Certains voisins avaient pour nous des gentillesses. Madame Benoure nous donnait quelques restes de nourriture. La boulangère du quartier nous offrait les gâteaux invendus les veilles de fermeture. La mère Antoinette nous faisait dormir chez elle certains soirs, mais nous en ressortions le lendemain pleins de puces. Le père Sigorel, qui habitait la chambre contiguë, nous avait installé un haut-parleur branché sur sa radio. Il avait percé le mur d'un trou pour y passer le fil et, grâce à lui, je découvris la chanson. C'était « Ma cabane au Canada » ou « Étoile des neiges » que chantait Line Renaud, et qui, sans le savoir, m'apportait le bonheur de sa voix douce. Quand tout allait bien chez ce brave Sigorel, on pouvait écouter, mais quand il était de mauvaise humeur, il éteignait le poste.

Il y avait aussi la famille Tessier, nos heureux propriétaires qui, dès que papa avait besoin d'argent, achetaient nos quelques meubles pour une bouchée de pain. Le logement était aussitôt dévalisé, jusqu'à ce que maman trouve l'argent pour les rembourser. Les meubles voyageaient ainsi, du premier étage au rez-de-chaussée et vice versa. Le tout se passait sous les regards arrogants et moqueurs des voisins qui ne rataient pas une occasion de se divertir à nos dépens.

Outre le salaire de ma mère, il y avait les allocations familiales qui étaient attendues chaque mois avec la même fièvre. Dès huit heures du matin, la mère Larquèche, une locataire de l'immeuble, allait se poster sur le trottoir devant la porte cochère et guettait. L'attente était parfois longue, la vie s'arrêtait presque, tant on avait l'impression que s'il ne venait pas, ce bienfaiteur de l'humanité, nous serions définitivement engloutis par notre misère. Cet homme n'était-il pas le seul lien qui existait entre nous et le reste de la société ? Cet argent qu'il nous apportait était bien la préoccupation principale de tous les foyers de notre condition.

Enfin, la mère Larquèche l'apercevait au loin, arrivant sur son énorme moto. Elle se précipitait alors dans la cour et hurlait pour toutes ces dames :

– V'là les allocations ! V'là les allocations !

C'était l'affolement. Les femmes, les enfants, tout le monde sortait des taudis et se mettait à courir dans tous les sens, comme des rats. La tension montait dans les cerveaux, c'était l'espoir qu'il nous apportait. Dédé, le fils Larquèche, un gosse débile, était pris de tremblements. Il trépignait nerveusement en secouant ses mains et criait d'une bouche baveuse et postillonnante :

– Les allocations ! Les allocations !

Les bonnes femmes avaient à peine empoché leur fric, qu'elles filaient au Prisunic pour tout dépenser en conneries. Elles achetaient n'importe quoi et revenaient du magasin avec des bijoux de pacotille, des fringues voyantes, pour les gosses des jouets et des sucreries. Bref, elles revenaient les poches vides, il n'y avait plus un sou.

Leurs enfants jouaient dans la cour avec leurs cadeaux. Certains soufflaient dans des serpentins, d'autres faisaient mumuse avec des tourniquets et l'ensemble des mômes faisait un tintamarre de tous les diables. Les mères ressortaient de chez elles au bout d'un moment, parées de leurs bijoux nouveaux et s'agitaient en faisant des manières. La folie s'était emparée de tout l'immeuble.

Pour notre famille, c'était différent. Ma mère partait avec son argent faire la tournée des bistrots du quartier pour régler les ardoises que mon père y laissait. Elle allait ensuite chez l'épicier acheter un peu de nourriture et elle lui laissait tout son argent en avance ; c'était toujours ça que papa ne lui piquerait pas. Ce n'était pas la fête pour nous ce jour-là mais, au moins, nous avions la certitude de quelques repas assurés.

Les repas constituaient un gros problème pour nous car la faim nous tenaillait fréquemment. Cette faim qui me donnait l'impression d'avoir une bête monstrueuse dans mon corps faisant des nœuds avec mes entrailles, cette faim qui m'ôtait toutes mes forces physiques, cette faim qui annihilait mon esprit. Que n'aurais-je fait pour avoir un peu de nourriture ! Je fouillais les poubelles en quête d'un trognon de pain, j'avais même parfois envie d'assommer les femmes dans la rue pour prendre leurs paniers à provision. J'étais encore trop petit pour m'y risquer mais elles ne perdaient rien pour attendre. Quand l'estomac hurle, plus rien ne vous arrête.

Notre mère nous laissait, quand elle le pouvait, un litre de lait sur la table le matin, que nous devions nous partager en guise de goûter à la sortie de l'école. C'était alors pour nous trois une course effrénée vers la maison. Dans ces cas-là, c'était chacun pour soi, pas de pitié, pas de partage, pas de sentiments, c'était la loi du plus fort et, en l'occurrence, le plus fort, c'était moi. J'engloutissais le lait sans prendre ma respiration, René et Michelle hurlaient et me secouaient pour que je lâche la bouteille à laquelle ils avaient pensé autant que moi dans la journée, j'en suis sûr ; ils me rouaient de coups, tant et si bien que le liquide débordait et se répandait sur mes vêtements, mais je n'aurais pour rien au monde laissé une goutte pour eux. Si j'avais été moins fort, mon sort aurait été identique au leur. Bien entendu, René allait moucharder et, bien sûr, maman me donnerait une raclée, mais qu'importe, j'aurais le ventre plein.

Notre père, qui ne s'occupait guère du fait qu'il avait des enfants qui crevaient de faim, eut pourtant un geste à l'occasion d'un Noël. Il nous apporta une superbe dinde. Une dinde énorme, bien dodue, que nous regardions avec des yeux émerveillés. Papa travaillait depuis quelques jours à la Glacière de Clichy et nous avait apporté l'animal en quittant son travail. Papa était reparti aussitôt après et nous attendions avec impatience le moment où maman allait le mettre à cuire. Il n'était pas question d'attendre Noël qui devait se fêter dans deux ou trois jours, la dinde était inscrite au menu du soir. Un bruit se fit entendre dehors. Maman nous fit taire car on frappait à la porte. Elle alla ouvrir.

–Je m'excuse, je suis bien chez monsieur Tirache ? demanda une voix d'homme d'un ton hésitant.

– Il est pas là !

Vlan ! maman lui avait claqué la porte au nez. Nous avons pouffé de rire, sans raison valable, mais très contents du malheur de cet homme. On frappa à nouveau. Nos rires redoublèrent. Cette fois, maman était très en colère :

– Y a personne ! Vous allez encore m'emmerder longtemps ? cria maman à travers la porte.

– Madame, c'est pour la dinde ! dit l'homme.

Maman fit volte-face et nos rires cessèrent instantanément. Elle se dirigea à nouveau vers la porte.

– Qu'est-ce que vous voulez ? demanda-t-elle sur un ton plus bas, comme si elle n'avait pas bien entendu ce qu'avait dit l'intrus.

– C'est pour la dinde, madame.

Ma mère rouvrit la porte doucement.

– Qu'est-ce qu'elle a la dinde ? dit-elle avec une certaine hésitation.

– Il faut que vous veniez avec moi à la Glacière, parce que votre mari a volé une dinde.

– Ah, l'ordure ! Ah, le fumier ! Il a fait ça ! Et moi qui croyais... Elle est ici la dinde, regardez.

Maman ouvrit en grand la porte, laissant le passage à notre visiteur qui avait l'air encore plus ahuri que nous.

– Vous voyez, je n'y ai pas encore touché, vous pouvez la reprendre.

– Je crois que le mieux serait que vous veniez avec moi pour la rendre au patron. Il est très en colère et peut-être que vous pourriez l'empêcher de porter plainte à la police, si vous la rameniez tout de suite.

– Bon, je viens avec vous, dit maman.

Elle alla prendre son cabas et, après avoir remballé la dinde dans du papier, la mit dedans. Nous ne parlions pas, nous la regardions faire, anéantis, le ventre creux. Notre oiseau s'envolait, finis les rêves de bombance, terminée la grande bouffe, ce soir il n'y aurait que des nouilles.

Ma mère s'en alla avec le visiteur et revint très tard, complètement épuisée après avoir fait l'aller et le retour à pied. Elle se laissa tomber sur le canapé, lâchant du même coup son sac qui s'ouvrit, laissant échapper la dinde. Des hurlements de joie fusèrent de tous côtés. En un instant, nous étions devenus des Sioux, criant, sautant, trépignant, applaudissant.

– Ça suffit, arrêtez ! Vous me cassez les oreilles ! On n'est pas chez les sauvages ! Ça suffit ! criait maman.

– On te l'a donnée ? lui avons-nous demandé dans notre agitation.

– Oui ! Y a quand même des gens qu'ont du cœur. C'est pas comme votre père, d'ailleurs il est foutu à la porte, ça lui apprendra. S'il va travailler dans le but de voler, c'est pas la peine.

– Dis, on va la manger ce soir ?

– Non, il est trop tard, ce sera pour demain. Calmez-vous un peu, je vais vous donner à manger.

Nous calmer, c'était plutôt difficile après ces émotions. La perspective du repas du lendemain peupla ma nuit de rêves fantastiques où la nourriture était en vedette.

Un jour que notre mère avait acheté du poisson pour le déjeuner, nous vécûmes un nouveau cauchemar. Papa ouvrant le paquet que maman venait de sortir de son sac à provisions lui demanda d'une voix autoritaire :

– D'où tu sors ça ?

– Je les ai achetés au marché, quelle question ! répondit-elle en haussant les épaules.

– Ah, tu as acheté ça au marché, et avec quel argent ? Madame n'a pas d'argent à me donner, mais elle achète du poisson pour ses bâtards ! T'es bien une pute !

D'un geste brusque, il saisit le paquet et le jeta par la fenêtre. Maman s'était protégé le visage instinctivement de ses bras, pensant se prendre les poissons en pleine figure. Ne sentant rien venir, elle releva la tête et constata avec stupéfaction que les poissons avaient disparu. Les larmes bondirent de nos yeux. Ce n'était pas possible, mais qu'est-ce qu'on lui avait fait ? C'en était trop. La colère me gagnait. Nous étions sortis tous les trois en pleurant et regardions désespérément les poissons affalés sur le toit d'en face. Je sentais mon sang bouillir, j'allais exploser. Je revins à la maison en courant et me précipitai sur mon père. J'étais révolté. Je lui ai attrapé ses vêtements, je tirais dessus dans tous les sens, je lui donnais des coups de pied. J'étais en proie à une crise de nerfs et n'arrivais plus à me contrôler.

– J'en ai marre de toi ! Salaud ! Salaud ! Je vais te casser la figure ! J'te déteste ! Je vais te tuer ! Je vais te tuer !

Je criais, je vomissais ma haine, j'étais à bout. Mes mains étaient toujours agrippées à ses vêtements, je me tordais de rage et ne voyais plus rien tant mes larmes coulaient à flots. Une gifle magistrale mit fin à cette agression, m'envoyant rouler à l'autre bout de la pièce. Sortant de mon état second, je vis mes parents debout devant moi. Ils se taisaient et me regardaient avec curiosité. Je me soulevais légèrement en prenant appui sur mes mains. Je n'en menais pas large. J'aperçus à la fenêtre le bout du nez des voisines qui avaient été attirées par le vacarme et qui susurraient quelques commentaires. Mon père les ayant entendues se retourna vivement, les faisant fuir tant elles avaient peur de lui. Puis il se tourna vers moi et d'une voix calme me dit de venir avec lui.

– Allez ! Viens avec moi, on va aller les chercher tes poissons, et arrête de chialer comme une gonzesse.

Il m'entraîna dehors, puis me laissa sur la passerelle et partit de l'autre côté du bâtiment. Il escalada le mur et grimpa sur le toit afin de reprendre les poissons. Quand il revint, il ne fit aucune allusion sur ce qui venait de se passer. Bien qu'il ne m'ait rien dit, j'étais dans mes petits souliers. Mon père était un homme excessivement violent qui inspirait la crainte à tout le voisinage. Personne n'osait jamais se mesurer à lui. Je n'ai jamais considéré ma révolte comme une action de bravoure, car moi aussi il me terrorisait mais, ce jour-là, la colère m'avait fait oublier la peur que j'éprouvais habituellement devant lui.

Si mon père me faisait trembler, en revanche ma mère ne m'impressionnait pas du tout. Malgré le fait que je recevais assez régulièrement des corrections, elle ne m'inspirait guère de craintes réelles. Ce que je ressentais était plutôt le sentiment de n'être rien, ou pas grand-chose, pour elle. Les caresses ne me manquaient pas vraiment, puisqu'elle ne m'en donnait jamais. Mais je faisais tout de même la différence entre elle et les femmes que je voyais à la porte de l'école. Même nos voisines étaient autrement que ma mère. Elle ne nous embrassait jamais et bien que papa fût excessivement méchant avec elle, je les ai surpris quelquefois à s'embrasser. C'était à n'y rien comprendre. Nous n'étions pourtant pas mauvais avec elle, mais nous ne nous comportions peut-être pas comme elle l'aurait voulu et cela me donnait matière à réflexion.

À l'approche de la fête des Mères, j'entendis les enfants de l'école parler de cadeaux qu'ils allaient faire à leur mère à cette occasion. Je me suis alors dit que si je lui offrais quelque chose, elle serait contente. Jamais personne ne lui apportait de cadeaux, elle verrait comme cela que, même si j'étais un garnement, je l'aimais bien.

Bien entendu, je n'avais pas d'argent. Il y avait pas mal d'idées qui trottaient dans ma tête depuis que ma décision avait été prise, mais je ne savais quelle solution adopter. J'en choisis une qui me parut la plus logique. Dans les églises, il y avait toujours de l'argent dans des corbeilles et il devait bien y en avoir assez pour acheter un cadeau. Comme je ne savais pas exactement à quoi servait cet argent, j'ai pensé que je pourrais certainement le prendre sans aucun problème. La seule chose qui comptait pour moi, c'était d'offrir un cadeau, le reste n'avait pas tellement d'importance. Il fallait à tout prix que maman soit fière de moi, qu'elle m'aime.

J'ai rencontré la Josiane dans la rue et lui ai parlé de mon projet. Elle a été d'accord immédiatement pour m'accompagner. Nous filâmes tous les deux à l'église Sainte-Odile et nous allâmes directement nous agenouiller devant la Vierge. Il n'y avait personne autour de nous. La corbeille était bien garnie de différentes pièces de monnaie. Nous étions en admiration devant la statue qui tenait le petit Jésus dans ses bras et semblait nous regarder. Je donnai un léger coup de coude à mon amie :

– Tu crois que je peux prendre l'argent ? chuchotai-je.

– Ben voui !

– Mais Elle, elle nous regarde.

– Qu'est-ce que t'es bête, c'est une statue !

– Oui, mais le bon Dieu, il voit tout !

– Eh ben, tu fais comme s'il voyait rien !

– Oui, mais il voit quand même.

– T'as la trouille Jean-Jean ?

– Oh non, et pis le bon Dieu, il sait bien que j'ai pas de fric et que c'est pour maman que je fais ça.

– Tu sais, Jean-Jean, il est gentil et y dira rien !

– Surveille bien que personne me voie.

Sur ces mots, je me levai doucement et me dirigeai vers la corbeille. J'enfouis précipitamment dans mes poches tout ce que je trouvai sous ma main. Je me reculai légèrement pour faire une génuflexion, un signe de croix rapide, et demi-tour vers la sortie. Une fois dehors, je me suis senti mieux, beaucoup mieux. On s'éloigna un peu de l'église pour compter la monnaie. Il n'y avait pas grand-chose, les gens étaient donc tous fauchés, même ceux qui allaient à la messe ! Quelle misère !

Maintenant, il fallait aller dans un magasin. J'avais repéré de beaux flacons d'eau de Cologne dans la vitrine d'une pharmacie. Nous y sommes allés directement et j'ai acheté une petite bouteille que la vendeuse m'a soigneusement emballée dans un joli papier.

Nous repartîmes tous les deux, main dans la main. J'étais heureux, une impression de bien-être que je ne connaissais pas m'envahissait peu à peu. Maman allait être si contente.

Sur mon chemin, j'ai rencontré René et Michelle et, très fier, je leur ai raconté mon exploit. Ils voulurent venir avec moi, pour voir si maman serait contente. J'abandonnai Josiane sur le pas de la porte et filai à la maison suivi de près par mon escorte. Sans attendre, je tendis mon paquet à maman en lui disant timidement que c'était pour sa fête. Elle m'arracha brusquement le cadeau des mains et dit :

– D'où tu sors ça, petite fripouille ?

– Je l'ai acheté pour ta fête.

– Avec quel argent ? Hein, avec quel argent ? Tu me prends pour une andouille ? Dis, où tu as volé ça, tu vas me répondre ?

Maman hurlait, elle me secouait, me giflait, elle n'avait rien compris.

– Tu vas me répondre, où t'as volé ce paquet ?

– J'l'ai pas volé ! C'est pour toi ! Pour ta fête ! J'l'ai acheté pour toi ! Maman, c'est ton cadeau !

Je pleurais, j'étais désespéré, elle ne m'écoutait même pas. Elle me battait sans pouvoir s'arrêter.

– Tu vas me répondre, charogne ! Tu vas me le dire ce que t'as encore fait !

Elle m'avait attrapé par les cheveux, me donnait des coups de pied, j'avais mal, si mal, je criais que c'était pour elle, mais elle continuait sans relâche, sans m'écouter.

– René ! Viens ici ! Tu vas me dire d'où ça vient, ce machin-là !

– C'est pas moi, c'est lui ! Il a piqué les sous à l'église.

– Qu'est-ce que tu dis ?

– C'est lui, nous on savait pas.

Les coups avaient redoublé devant les explications que René venait de donner en pleurnichant.

– Saloperie ! T'es bien un bon à rien comme ton père ! Vous voulez me faire mourir, c'est ça qu'vous voulez ! Je me demande bien pourquoi j'm'emmerde avec une bande de pouilleux ! Fiche le camp ! Ordure ! Vermine ! Un jour, j'vous laisserai dans votre merde !

Elle me chassa de la maison à coups de pied. Dès que je pus me relever, je me suis enfui, terrorisé par la violence de ses mots. J'ai couru me cacher dans un terrain vague. J'étais tout ratatiné sur moi-même et pouvais pleurer tout mon soûl. Je me sentais bien malheureux. Je n'étais donc rien d'autre pour elle qu'un pouilleux, un rien-du-tout ! Oh ! pourquoi n'avait-elle pas compris que je voulais lui faire plaisir, lui faire voir que je l'aimais ? Je voulais mourir. Pourquoi m'avait-elle dit que j'avais volé, ce n'était pas vraiment un vol que de prendre de l'argent abandonné dans une corbeille...

C'était la première fois pourtant que je commettais un vol, et ce n'était pas la dernière. Lorsqu'on est enfant, la notion de vol est très vague. Prendre sans autorisation une chose qui fait envie, ce n'est pas voler !

Cet argent que j'avais pris, à qui était-il ? À personne ! Qui aurait pu me dire que cet argent lui appartenait ? Ce n'était pas de ma faute si je n'avais pas de sous. Pour les autres gosses, c'était leur père qui leur en donnait, mais le mien... C'était pas juste. Et pourquoi les autres mômes étaient bien habillés et pas moi ? Bien sûr, ils étaient cons et ça, ce n'était pas marrant, mais j'aurais aimé tout de même être habillé comme eux. Et à Noël, pourquoi avaient-ils plein de beaux jouets, alors que nous, nous n'avions rien d'autre que quelques bonbons qui avaient traîné des heures dans une poche de mon père, et qu'il nous balançait sur la table à son arrivée, en nous disant qu'il commençait à en avoir assez de se balader avec « ça ». Enfin, c'était gentil de sa part d'avoir pensé à nous, car s'il n'y avait eu que notre mère, nous n'aurions jamais rien eu.

Nous n'attendions pas réellement de cadeaux pour Noël. Cette fête était pour les autres. Mais, à l'école, on nous parlait énormément de cet événement, et nous préparions la fête en faisant des guirlandes et des fleurs en papier crépon, pour décorer nos maisons. Inutile de dire que notre mère jetait toutes ces « saloperies » à la poubelle. Tout le monde parlait de la commande faite au Père Noël, une ambiance survoltée régnait dans la classe les derniers jours avant la grande fête.

J'avais malgré tout une très faible espérance, bien que le Père Noël ne soit jamais venu chez nous et que, en plus, je ne croyais pas à ces sornettes. Le plus pénible n'était pas de ne rien avoir, c'était essentiellement de voir les enfants dans la rue avec des vélos, des patins à roulettes, des panoplies de cow-boy ou d'Indien. Ils étaient heureux, et moi, je ne pouvais que les regarder s'amuser. Pas un seul gosse n'a jamais accepté de me prêter un jouet, pas un seul. Aussi, j'essayais par tous les moyens de leur prendre ce qu'ils venaient d'avoir, afin d'en profiter un peu, moi aussi.

C'est comme cela qu'un jour de Noël j'ai mis une raclée à un môme dans la rue, parce qu'il avait une panoplie de Zorro et qu'il ne voulait pas me la prêter. Le gamin, tremblant de peur, s'est déshabillé et, après m'avoir laissé son costume, il s'est sauvé chez lui en pleurant. Je venais à peine de terminer de me travestir qu'une main m'a saisi à l'épaule.

– Dis-moi, mon petit gars, ça t'arrive souvent de prendre les affaires des autres en leur tapant dessus ? me dit une voix autoritaire.

– Non, m'sieur, mais il voulait pas me prêter son habit de Zorro pour que j'm'amuse.

– T'as peut-être pas eu un costume de Zorro, mais tu as eu autre chose, alors il ne faut pas agir comme cela. C'est pas bien.

– ...

– Qu'est-ce que tu as eu pour ton Noël ? me demanda l'homme en se radoucissant.

– Un bonbon.

– Et puis, qu'as-tu eu d'autre ?

– C'est tout m'sieur, un bonbon.

– T'as pas eu de jouets ? m'interrogea-t-il, interloqué.

– Non, nous, on n'a jamais rien.

– Tu habites à quel endroit ?

– Là-bas, au 37, lui dis-je en lui montrant du doigt notre bâtiment.

– Ah, je comprends... Ça te dirait de venir goûter avec mon fils, à la maison ? Comme ça, vous pourriez faire la paix, et il te prêterait ses jouets, d'accord ?

– Ben, j'veux bien.

Il me prit par la main et m'entraîna chez lui. Alors là, j'en ai pris plein la vue. L'immeuble était beau, c'était tellement propre dans l'escalier qu'il fallait s'essuyer les pieds sur un tapis avant d'y monter. Je regardais partout, je touchais les murs en montant, ça brillait, c'était beau, ça sentait bon ; qu'est-ce qu'il devait être riche ce mec, pensais-je en grimpant les étages. Il sonna à une porte. Une belle femme nous ouvrit.

– Qui est-ce ? C'est lui ? demanda-t-elle à son mari en nous faisant pénétrer dans le logement.

– Oui. C'est un pauvre gosse, prépare-lui un bon goûter, je ne crois pas qu'il mange tous les jours à sa faim. Tu vas aller jouer avec Claude, dit-il en se tournant vers moi.

– Ah non ! Il va encore me battre, moi j'veux pas ! répondit son fils.

– Écoute-moi, tu as été gâté pour ton Noël ? Tu as eu des jouets ? Eh bien lui, il n'a rien eu, tu comprends ?

– Pourquoi il a rien eu ?

– Eh bien, parce que ses parents sont pauvres et qu'ils n'ont pas d'argent. Si tu avais bien voulu lui prêter ton costume, il ne t'aurait pas frappé. (Se tournant vers moi :) N'est-ce pas ? Au fait, comment t'appelles-tu ?

– Jean.

– Eh bien, Jean, s'il t'avait passé son costume, tu ne l'aurais pas battu, hein ?

– Ben non ! Mais personne y me prête jamais rien, c'est pour ça.

– Bon, maintenant que vous êtes des copains, allez jouer dans la chambre, pendant que maman prépare à manger.

Et me voilà dans la chambre à Claude. Quelle merveille ! Il y avait du papier à fleurs au mur et des dessins accrochés, et les jouets, alors là, je n'en avais jamais vu autant à la fois. Et le lit, il avait un lit pour lui tout seul, une chambre pour lui tout seul, et tous les jouets étaient pour lui, c'était incroyable, cela dépassait mon imagination.

Je passais d'un jouet à un autre, ils me plaisaient tous, je les touchais du bout des doigts, je les caressais même, devant le regard surpris de Claude qui n'avait pas l'air de se rendre compte de la découverte que je venais de faire. Il me regardait, debout contre la porte de sa chambre, les mains dans les poches, et comme il ne disait rien, je continuais de découvrir tous les trésors du lieu.

– Eh bien, Claude, tu ne vas pas jouer avec Jean, toi qui dis toujours que tu t'ennuies parce que tu es tout seul, là, tu as un copain ! lui dit son père qui venait de rentrer dans la chambre et qui se tenait derrière son fils en me regardant d'un air amusé. Alors Jean, il y a plein de jouets ici, tu es content ?

– Oh oui, m'sieur !

– Va jouer avec Jean, il n'attend que ça ! dit le père en poussant son fils vers le milieu de sa chambre.

– Tiens, j'vais t'rendre ton habit de Zorro ! lui dis-je aussitôt en me déshabillant.

J'étais un peu gêné d'ôter le costume, car mes vêtements étaient tellement moches à côté de ceux de Claude ! Je vis d'ailleurs la tête de son père quand il découvrit la façon dont j'étais attifé, et je l'entendis se racler la gorge en quittant la pièce.

J'invitai Claude à venir jouer avec moi aux petites voitures que je venais de découvrir, ce qu'il fit instantanément, en oubliant notre querelle.

Au bout d'un moment, son père vint nous chercher pour le goûter. Dans la cuisine, deux bols de chocolat fumant nous attendaient, ainsi qu'une montagne de petits gâteaux secs. Je me suis empiffré, jusqu'au dernier biscuit. Les parents de Claude me regardaient en souriant, et moi, je mangeais, je mangeais... Je mangeais salement et ça, je m'en suis rendu compte. Lorsque je bavais, je m'essuyais avec le revers de mes manches, et je voyais à chaque fois la grimace de la dame.

Qu'elle était belle, bien coiffée, avec une robe superbe et un petit tablier à volant, bien propre. Elle devait penser que j'étais un cochon, comme maman me le disait souvent. Pourtant, elle continuait à sourire. Elle était douce et gentille, il avait une sacrée chance, Claude, d'avoir des parents comme ça, enfin...

Après m'être rassasié, je suis retourné jouer avec lui dans sa chambre jusqu'au soir. Quand son père est venu me dire que je devais rentrer chez moi, j'étais bien triste.

– Tu peux revenir quand tu veux, mon petit, ça nous fera plaisir, tu es d'accord ?

– Oui, m'sieur, j'veux bien. Au revoir, m'sieur, au revoir m'dame, salut, Claude.

Ce soir-là, lorsque je me suis retrouvé seul dans l'escalier, j'ai bien pris conscience du fossé qu'il y avait entre ma famille et ces gens-là. Ce fossé était si énorme que je n'ai jamais osé revenir sonner à la porte. Combien de fois pourtant suis-je venu au pied de l'immeuble, sans pour cela me décider à y pénétrer.

J'ai joué quelquefois dans la rue avec Claude, mais rarement, car il n'avait pas souvent l'autorisation de sortir et, à chaque fois qu'il m'a demandé de venir chez lui, j'inventais des prétextes pour me défiler. Ce n'était pas l'envie qui me manquait, mais j'avais été si malheureux en rentrant à la maison le soir de Noël que je préférais ne plus aller chez lui.

Il y eut aussi un autre gamin qui m'emmena chez lui, ou plutôt qui me demanda de venir le prendre pour aller à l'école. La première fois, j'ai beaucoup hésité, mais j'ai fini par me décider à y aller et je ne l'ai jamais regretté.

Jean-Pierre Cossu habitait rue Camille-Pelletan. Son logement était assez éloigné de la maison, ce qui me contraignait à me lever aux environs de six heures du matin, pour avoir le temps d'aller jusque chez lui. Mes nuits étant déjà extrêmement courtes, le réveil était très dur, d'autant plus que je ne pouvais compter que sur moi-même.

Je me levais à pas de loup et m'habillais en silence. Je surveillais le sommeil de toute la famille. J'écoutais le rythme des respirations et des ronflements divers qui étaient le baromètre de ma tranquillité. Tout était calme. Je prenais mon sac de classe et me faufilais dehors comme une anguille. Ma mère allait crier ce soir, mais qu'importe !

Je galopais par les rues et ne m'accordais aucun repos pendant tout le trajet. Lorsque j'arrivais devant la double porte en bois, je me laissais glisser à terre un instant pour reprendre mon souffle. Mon calme retrouvé, je sonnais et allais me poster sur le trottoir d'en face, afin que madame Cossu, en sortant sur sa terrasse, puisse voir que ce n'était que moi. Elle apparaissait aussitôt et me faisait un grand geste du bras, m'invitant à entrer. En quelques enjambées, j'étais à nouveau derrière la porte. J'entrais immédiatement dans la cour où monsieur Cossu garait son véhicule de travail. C'était un artisan plombier. J'empruntais l'escalier qui était situé au fond de la cour et longeais l'atelier. Cet escalier débouchait sur une merveilleuse terrasse, qui devait leur servir de salle de séjour l'été, car elle était recouverte et meublée. Elle était envahie de fleurs et de plantes vertes que je ne cessais d'admirer. Je la traversais et me dirigeais vers la porte de la cuisine.

J'entrais après avoir frappé, et mes yeux se portaient instinctivement sur la table où Jean-Pierre était installé devant un bon petit déjeuner. Juste en face de lui, il y avait un autre bol ; c'était mon bol.

– Viens t'asseoir mon p'tit Jean, ton chocolat va être prêt, me disait aussitôt madame Cossu.

Je m'asseyais donc devant Jean-Pierre, après lui avoir fait un petit signe en guise de bonjour. La douce odeur chaude et parfumée du chocolat que sa mère me versait dans mon bol m'enivrait, et je fermais les yeux de plaisir. Madame Cossu me préparait des tartines beurrées, que j'engloutissais avec avidité.

Jean-Pierre me regardait en souriant et allait ensuite se préparer pour l'école. Moi, je restais dans la cuisine avec sa mère. Elle était douce et bonne, me parlait gentiment, et je l'admirais dans sa grande robe de chambre qui lui tombait sur les pieds. Monsieur Cossu venait entre-temps dire au revoir à sa femme avant de partir travailler. Il lui déposait un petit baiser sur la bouche qui me faisait rougir jusqu'à la pointe des orteils. Tout dans cette maison respirait le bonheur et le calme ; c'était bon.

Je parlais peu, et lorsque j'avais fini de manger, je me recroquevillais sur moi-même et rêvassais. Mon dos était courbé et ma tête penchée en avant. Je tenais mes deux mains serrées entre mes cuisses. Je m'imaginais que c'était moi, le fils de la maison, et pensais que cette mère aurait pu être la mienne. Mais Jean-Pierre me faisait redescendre sur terre, d'une tape amicale dans le dos.

– Tu viens, on s'en va.

Et nous partions sur le chemin de l'école, lui heureux, et moi bien triste.

Il y avait un autre endroit où je me sentais assez bien, c'était à l'hôpital du Perpétuel-Secours de Levallois. J'y avais fait quelques stages avec mes frères et sœurs à diverses occasions, dans nos toutes premières années. Lorsque nous attrapions des maladies contagieuses, notre mère nous faisait systématiquement hospitaliser, ce qui nous permettait de nous remettre, de temps à autre, de notre vie désordonnée. Nous avions droit à un bon décrassage pour commencer et, après, nous n'avions plus qu'à nous laisser vivre dans la douce chaleur de cet établissement « hospitalier ».

Je me rappelle fort bien avoir accompagné à différentes reprises mon père à l'hôpital, lorsqu'il allait se soumettre à des examens médicaux, du genre prises de sang et radios. Son cinéma commençait la veille.

– Demain, je vais à l'hôpital. Tu viendras avec moi, Jean-Jean. Ah ! Dieu sait ce qu'ils vont me dire ! Ils vont peut-être me garder, je me sens si mal, je n'en ai plus pour longtemps, je l'sais bien.

– Tu vas pas commencer à nous faire chier avec tes conneries ! T'es qu'un fainéant, v'là c'que t'es ! Non mais, regardez un peu vot'père, ce cirque qu'il fait pas ! enrageait maman.

– Toi, la ferme !

– Ah, tu m'empêcheras pas de dire c'que j'pense, hein ! Pour qui qu'tu t'prends ? Arrête de jouer les martyrs, ça prend pas avec moi !

– Tu vas la boucler, salope !

Et c'était reparti, un nouveau match commençait.

Le lendemain, je l'accompagnais donc à l'hôpital. Je le revois encore, allongé sur la table, en attendant qu'une personne vienne faire les clichés. Il prenait un air grave, pleurnichait à moitié.

– Tu vois, mon petit Jean-Jean, je suis malade, très malade, je vais certainement mourir bientôt.

Je l'écoutais à peine. J'étais surtout très occupé à inspecter le matériel impressionnant qui se trouvait dans la salle de radiographie.

– Quand je vais mourir, ce sera bien triste pour toi, car tu seras tout seul. Tu m'écoutes !

– Oui, oui...

– Ta mère, tu sais, elle serait bien contente si je crevais tout de suite, d'ailleurs, c'est une vraie charogne. Fais attention aux femmes ! Ce sont toutes des salopes ! T'entends c'que j'te dis ?

– Oui, oui...

– Alors répète c'que je viens de dire.

– Les bonnes femmes, c'est toutes des salopes, c'est ça qu't'as dit.

– Voilà, t'as compris. Tu sais, elles te feront toutes des petits sourires, mais ce sera pour mieux t'enculer ! Ah ! C'est pas beau tout ça. Arrête de tripoter les boutons, tu vas tout déglinguer. Tu peux pas rester en place un moment et m'écouter ?

– Mais j't'écoute ! J'ai entendu c'que t'as dit ! Mais je regarde les machines, c'est marrant tous les boutons. Dis, elle va bientôt venir la bonne femme pour te soigner ?

– J'espère, j'commence à trouver le temps long.

– Dis papa, elle aussi c'est une salope ?

– J'te dis qu'elles sont toutes pareilles. Tu verras quand tu seras grand, tu diras : mon père avait raison. Moi... j'serai plus là... j'serai mort depuis longtemps... C'est d'sa faute à ta mère, elle me f'ra crever, et vous aussi ! Si elle pouvait vous voir tous morts, elle s'rait contente et bien débarrassée ! Elle ne pense qu'à elle ! Elle est bonne que pour faire la putain !

Quel cirque ! Il me soûlait avec sa rengaine, je connaissais tout son répertoire par cœur ; avec lui, c'était toujours la même histoire. À l'entendre, c'était lui le pauvre malheureux. Et nous, est-ce qu'il pensait vraiment à nous, se rendait-il compte de la vie qu'il nous faisait mener ?

Parfois, quand les flics venaient le chercher à la maison, il refusait de partir avec eux si nous n'allions pas avec lui. Il disait qu'il ne voulait pas se séparer de ses gosses, qu'il accepterait d'aller n'importe où, à condition que nous y allions avec lui. Comme les flics avaient très peur des réactions violentes de mon père, ils acceptaient et toute la famille partait faire une virée au poste de police, ma mère y compris. Les voisins éclataient de rire à leur fenêtre sur notre passage. Il faut dire qu'il était chaque fois au moins minuit et que personne ne pouvait dormir dans le voisinage tant que mon père n'avait pas fini son cirque.

Arrivé au commissariat, il était mis au cachot et nous pouvions alors repartir avec notre mère, à pied, jusqu'à la maison.

Nous fréquentions aussi les hôpitaux d'une manière assidue avec notre père. En effet, lorsque les flics l'embarquaient, ils le faisaient hospitaliser régulièrement à l'hôpital Beaujon où nous allions le voir avec notre mère, quand il y restait. Le plus souvent, il se sauvait et rentrait le lendemain même de son arrestation.

L'hôpital Beaujon l'a parfois envoyé faire des cures de désintoxication en province, mais il trouvait toujours le moyen de s'échapper et rentrait à la maison aussi ivre que quand il en était parti.

En désespoir de cause, sans doute, mon père finit par être interné à l'hôpital psychiatrique de Sainte-Anne, à différentes reprises, où nous allions aussi lui rendre visite. Mais ces hospitalisations ne duraient jamais bien longtemps, et notre vie reprenait aussitôt son cours, dès son retour, avec tout ce que cela comportait de violences et de beuveries.

Évidemment, plus les jours passaient, plus je devenais turbulent. On me voyait de moins en moins à la maison, car je m'obstinais à chercher, dans la rue, le maximum de distractions qu'elle pouvait m'offrir.

Je m'étais lié d'amitié avec un garçon de mon quartier qui était un petit peu plus âgé que moi, et nous avions été faire un tour ce jour-là, avenue des Ternes dans le 17e arrondissement. Cet endroit n'était pas très loin de Levallois, et il faut bien le dire, plus je grandissais, plus mes promenades m'éloignaient de mon quartier. J'avais une grande soif d'aventures et de découvertes. Je voulais voir ce qu'il y avait ailleurs.

Le quartier des Ternes était plus avenant que le nôtre. Il y avait des boutiques, des cinémas, des grands magasins, des cafés, et beaucoup de monde dans les rues, ce qui était grisant.

Nous avons été faire une visite au Prisunic, qui était un magasin éblouissant de richesses pour mes yeux d'enfant. C'était féerique. Les étalages proposaient des objets tous plus beaux les uns que les autres. Il y avait de tout, il y avait surtout de quoi tenter un petit bonhomme comme moi.

Ce qui devait arriver arriva. Mon regard fut attiré par de petits canifs tout en nacre. Qu'ils étaient beaux ! Je n'avais jamais rien vu de plus magnifique. Je tendis la main pour en prendre un et le regarder de près. C'était une petite merveille ; si fin, si beau. Je le fis voir à mon pote, puis je le remis délicatement sur son présentoir. Je repartis tristement, les mains dans les poches, voir les autres étalages. Je ne pouvais penser à autre chose qu'à ce petit canif. Je jetais des regards furtifs derrière moi et j'avançais sans conviction.

– Tu viens, je voudrais voir encore les canifs, dis-je à mon copain.

Nous sommes revenus sur nos pas. Je m'emparai d'une nouvelle pièce. Je la tournai et la retournai sans cesse dans ma main.

– Vous voulez quelque chose, les enfants ? demanda une vendeuse.

– Non, non, on regarde c'est tout ! répondis-je à la hâte.

– Tu sais, c'est pas un jouet pour toi, tu es trop petit ! ajouta-t-elle avant de se retourner pour s'occuper d'un acheteur.

– De quoi qu'elle s'mêle celle-là !

– Allez, tu viens, on s'en va, dit mon copain.

– Ouais, mais j'le voudrais.

– T'as qu'à l'garder, moi tu sais j'm'en fous mais si tu veux l'piquer, grouille-toi !

Je tendis mon bras vers l'étalage et fis celui qui allait le reposer, mais le gardai bien serré dans mon poing, que je remis dans ma poche aussitôt. Nous sommes repartis ainsi, d'une allure décontractée, vers la sortie. Nous avions à peine franchi la porte que je me sentis tiré en arrière par une main qui m'avait saisi l'oreille.

– Viens un peu par ici, petite crapule !

Je me retournai, affolé, vers mon pote, mais il n'était plus là. Je le cherchai hâtivement du regard et le vis qui détalait à toutes jambes.

– Alors ? Depuis quand tu t'amuses à voler dans ce magasin ?

– Mais...

– Tais-toi, tu vas me suivre dans mon bureau et on va s'expliquer.

L'homme m'entraîna à l'intérieur du magasin en me tenant d'une poigne de fer, ce qui m'empêchait de faire toute tentative pour me sauver. Arrivé dans son bureau, il me bouscula dans le fond et appela aussitôt le commissariat. Quand il eut raccroché, il prit un air grave et me regarda fixement :

– Tu viens souvent ici ?

– Non, c'est la première fois.

– Vous dites tous pareil, fit-il en hochant la tête.

– C'est vrai, insistai-je.

– Silence ! Et donne-moi ce que tu as mis dans ta poche.

Je sortis mon canif tristement et le regardai une dernière fois, avant de le poser sur le bureau. J'avais un air renfrogné et n'avais pas l'intention de me laisser intimider par cet individu.

– Comment s'appelle ton copain ?

– J'sais pas.

– Bien sûr, tu ne sais pas. Tu ne sais pas non plus qu'il ne faut pas voler ?

Je haussai les épaules en réponse.

– Bien !... T'as l'air d'avoir la tête dure, mon p'tit gars, mais on va te mater chez les flics, je te préviens. Et tes parents, ils savent à quoi tu t'amuses ?

– ...

– T'as pas peur que ton père te donne une bonne fessée ?

– Mon père, j'm'en fous !

– De ta mère aussi, je suppose ?

– J'm'en fous aussi !

– C'est parfait. Entrez ! Entrez, messieurs !

Deux agents avaient fait irruption dans le bureau. Il y eut des poignées de mains et des salutations.

– Voilà le gaillard ! Je vous préviens qu'il a la tête dure. Vous devez certainement le connaître car ça ne doit pas être un ange. Quand on voit la façon dont il est attifé et sale, les parents ne doivent pas être des lumières !

– Non, on l'a jamais vu, répondirent les flics en chœur.

– Où t'habites, t'es pas du coin ? me demanda l'un d'eux.

– J'suis de Levallois.

– Bon, qu'est-ce qu'il a fait ? demanda l'autre.

– Il a dérobé ceci. Je dois vous dire qu'il n'était pas tout seul et que son copain a filé, mais il n'avait rien pris celui-là.

– Bien, on l'embarque. Allez, viens avec nous au poste, tu vas nous raconter ça.

Les flics me prirent chacun par un bras et m'emmenèrent jusqu'au commissariat de l'Étoile dans le panier à salade. J'étais bien content de ne plus voir le type du magasin. Pour qui se prenait-il celui-là avec ses grands airs de prétentieux ? Et dans le magasin, tous ces gens qui me regardaient en murmurant, ils n'avaient jamais rien vu, c'était à croire. Je n'ai pas manqué de leur tirer la langue au passage pour leur apprendre à se foutre de moi. Quant au panier à salade, ça ne m'impressionnait pas du tout. Ce n'était pas la première fois que je faisais une promenade dedans, et ça n'allait pas être la dernière. Les agents avaient toujours été gentils avec moi, je n'avais donc aucune raison de m'inquiéter.

Le soir commençait à tomber et le spectacle de la rue avec toutes ses lumières me ravissait. Je courais d'un bout à l'autre du car pour m'amuser et riais de bon cœur en entendant la sirène qui ne fonctionnait que pour moi. Les flics me regardaient d'un air surpris et me laissaient faire sans me dire un mot. Ils souriaient même de me voir ainsi m'amuser, d'une façon aussi insouciante.

En arrivant au poste, on me fit passer derrière le comptoir et je me suis assis sur la chaise que l'on me tendait. Un policier prit place de l'autre côté de la table qui était devant moi et commença à préparer quelques feuilles de papier qu'il introduisit dans une machine à écrire.

Je le regardais faire avec grande attention, car je n'avais jamais vu un engin pareil fonctionner.

– Comment tu t'appelles, mon p'tit gars ?

– Jean.

– Jean comment ?

– Ben, Jean Chassang !

– Quel âge as-tu ?

– Six ans.

– Bien. Tu sais où tu habites ?

– À Levallois.

– Mais tu connais pas ton adresse entière ? C'est grand, Levallois.

– Oh oui ! Mais moi, j'habite au 37, rue de Lorraine, c'est là qu'y a la cour des Miracles.

– Qu'est-ce que c'est que la cour des Miracles ?

– C'est là où j'habite, tu connais pas ? Tous les gens y disent que c'est la cour des Miracles, où qu'j'habite.

– Ton père, comment s'appelle-t-il ?

– René Tirache.

– Et ta mère ?

– Blanche. Mais j'crois qu'c'est Fayard, elle.

– Tu sais ce qu'il fait, ton père ?

– Ben oui, il est au bistrot !

– Mais à son travail, tu sais pas ce qu'il fait ?

– ... ?

– Quand il n'est pas au bistrot, que fait ton père ?

– Il tape maman, et après y dort.

– Bon. Je vais encore te poser une question. Tu voles souvent dans les magasins ?

– Non, c'est la première fois. J'avais envie d'avoir ce beau canif. Et pis çui-là, il était beau !

– On t'a jamais dit qu'il ne fallait pas voler, et que, quand on voulait quelque chose, il fallait l'acheter ?

– Ouais, j'sais, mais j'ai jamais d'sous, et pis d'abord, j'ai jamais rien. Les aut'mômes, y z'ont plein d'trucs et pas moi.

– Oui, bien sûr, mais ils n'ont pas de canif !

– Si, mais çui-là, c'était l'plus beau, et comme ça, j'serais été plus fort qu'eux !

– Eh bien, dis-moi, tu promets pour ton âge ! Je souhaite que tu ne recommences pas, sinon, on sera obligé de te mettre en prison ! Tu m'as bien compris ?

– Oui, m'sieur.

– Tu vas aller t'asseoir là-bas, on va prévenir ta mère pour qu'elle vienne te chercher. Elle est à la maison à cette heure-ci ?

– Peut-être, j'sais pas.

– Bon, allez, va là-bas et tiens-toi tranquille.

Je me suis alors levé, à contrecœur, car je serais bien resté à parler avec ce flic. Il n'avait pas l'air très sévère malgré la grosse voix qu'il prenait de temps en temps, pour me faire peur sans doute. D'ailleurs, je venais de passer un très bon moment, l'interrogatoire m'ayant permis de regarder fonctionner sa machine à écrire avec beaucoup d'intérêt.

Maintenant, il me fallait attendre ma mère, qui allait certainement être longue à venir. De l'autre côté du comptoir, je vis un banc en bois sur lequel je m'assis pour mieux attendre. Je suis resté ainsi pendant un moment, pensant à mille choses à la fois, et pas du tout inquiet de ce que j'avais fait. Je balançai mes jambes négligemment, puis trouvant le temps long, m'amusai à glisser sur mes fesses, d'un bout à l'autre du banc. Personne ne s'occupait plus de moi. J'ai bien pensé un moment que ça allait barder quand ma mère allait venir, mais cette pensée ne m'inquiétait pas véritablement.

J'aperçus soudain, en face de moi, un poêle à charbon. D'un bond, j'étais déjà près de lui et commençais à l'inspecter. La douce chaleur qui s'en échappait était bien agréable. Le couvercle était soulevé et je pouvais voir à travers un petit trou, fait dans la plaque ronde en fonte du dessus, les flammes qui dansaient joyeusement. Et là, juste à mes pieds, il y avait un récipient contenant une quantité impressionnante d'allumettes qui attendaient certainement de brûler.

J'en ramassai donc une, que je fis tomber par le trou, puis une deuxième, une troisième, enfin, elles y passèrent toutes. J'étais tellement occupé à ce jeu que je n'avais pas entendu ma mère arriver. En fait, ce qui me fit comprendre qu'elle était là fut de voir ses pieds à côté du poêle. J'ai aussitôt redressé la tête pour vérifier et je fus bien obligé de constater que c'était bien elle. Elle faisait une tête, mais une tête ! C'était pas croyable et ça ne présageait rien de bon.

– Vous voyez, monsieur l'agent, vous croyez que ça lui fait quelque chose d'avoir été arrêté comme un malfaiteur ? Pensez-vous, il s'en moque ! Regardez-le, ce voyou ! Il me fera mourir, moi j'vous le dis !

– Tu crois que c'est bien de faire du souci comme ça à ta mère, hein ? dit le flic qui l'accompagnait.

– Oh, vous pouvez lui dire n'importe quoi, il a une vraie tête de cochon, je ne peux pas en venir à bout. Mais qu'est-c'que j'vais devenir avec des crapules pareilles ? Non mais, regardez-moi cet œil mauvais qu'il me fait, il a la même gueule que son père, ce s'ra un poivrot comme lui, un bon à rien !

– Voyons, madame, ce n'est qu'un gosse !

– Ah ! Ben, j'voudrais vous y voir à ma place, avec un bonhomme qui pense qu'à picoler et cinq mômes qui me font tourner en bourrique ! Vous êtes drôle, vous, on voit qu'vous n'êtes pas à ma place !

– Bien sûr que je ne suis pas à votre place, mais si vous avez des problèmes, il y a des services sociaux qui sont là pour vous aider.

– Des services sociaux, mon cul, ils en ont rien à foutre et d'ailleurs, les assistantes sociales, c'est toutes des enculées, elles préfèrent nous emmerder plutôt que de nous aider.

– Moi, j'vous disais ça... Enfin, vous pouvez emmener votre fils maintenant. Et toi, tâche de te tenir tranquille, sinon tu sais ce qui t'attend ! Allez, au revoir, madame.

– Au revoir, monsieur l'agent. Où t'as appris la politesse, tu peux pas dire au revoir ! ajouta-t-elle en se retournant vers moi.

– Au revoir m'sieur, murmurai-je, appréhendant le moment où j'allais me retrouver seul avec ma mère.

À peine avions-nous franchi le seuil du commissariat qu'une pluie de coups me tomba sur la tête.

– Avance, pourriture de merde ! (Et paf, une gifle.) Tu vas voir, saloperie, j'vais t'apprendre à voler ! (Et paf, un coup de pied aux fesses.) T'iras en prison, ordure ! (Et paf, une autre gifle.) J'te f'rais enfermer comme ton père ! (Elle s'arrêta pour me secouer.) T'es bien d'la vermine, avance ! (Et paf, encore une gifle.) J'vous laisserai tous crever si ça continue !

Je n'avais jamais vu ma mère marcher aussi vite. J'étais obligé de courir pour suivre sa cadence. Elle était dans une colère noire et elle haranguait furieusement les passants qui avaient le malheur de nous regarder.

À dire vrai, je ne sentais pas tellement les coups. Elle y mettait beaucoup de violence, mais j'avais plutôt envie de rigoler. Ma mère avait les cheveux en bataille, ce qui lui donnait un air de folle. Dans le fond, tout ce qu'elle me disait, je le savais déjà depuis longtemps, il n'y avait donc pas lieu de s'inquiéter outre mesure.

– Tu vas voir ton père, quand j'vais lui dire c'que t'as fait, tu vas voir un peu c'qu'il va t'mettre. Tu vas t'en souvenir !

Alors là, je ne riais plus. Et s'il allait me tuer, il avait déjà voulu m'égorger une fois, et je n'avais rien fait. Qu'est-ce que j'allais prendre !

En arrivant à la maison, mon père n'était pas là. Ma mère prépara à manger, mais j'avais l'estomac fermé à double tour et ne pus avaler une bouchée.

– C'est pas la peine de faire la gueule, hein ! Va t'coucher si tu veux pas manger, ça m'f'ra faire des économies !

Je ne me le fis pas répéter deux fois, et sous les yeux interrogateurs de Michelle et de René, qui ne devaient pas être au courant de mes prouesses, je me couchai sans plus tarder. Je voulais m'endormir mais n'y arrivais pas. Je souhaitais que mon père rentre, une fois ma mère couchée, mais ce ne fut pas le cas. Quand il arriva, il me vit au lit, alors que les autres gosses étaient encore debout.

– Qu'est-ce qu'il a, il est malade ? demanda mon père en titubant sur le pas de la porte.

– T'as qu'à lui demander c'qu'il a !

– Toi, t'as dû faire des conneries. (Se tournant vers ma mère :) Faut bien qu'il s'amuse, tu vas pas l'emmerder !

– Ah, parce que c'est moi qui l'emmerde ! Non mais, tu sais d'où j'viens ? De chez les flics ! cria ma mère, les poings sur les hanches.

– Qu'est-ce qu'il foutait chez les poulets ?

– Il s'est fait pincer à voler dans un Prisunic, aux Ternes, voilà c'qu'il a fait !

Mon père me regardait avec un petit sourire qui ne réussit pas à arrêter mes tremblements. J'étais caché sous les couvertures, ne laissant apparaître que mes yeux. Je le vis tout à coup éclater de rire. Il riait, riait, je ne crois pas l'avoir autant vu rire que ce soir-là. Il riait tellement que je me suis mis à faire comme lui. L'hilarité devint générale. Ma mère faisait une drôle de tête, elle était rouge de colère, je la sentais prête à éclater. Je riais de plus belle en voyant sa tête puis mon père qui était plié en deux. Il se calma un peu pour me dire :

– T'es un con, parc'que tu t'es fait piquer, ah ! ah ! ah !...

– Non mais, t'es complètement cinglé ! J'en ai ma claque, moi ! Tu f'rais mieux de lui foutre une bonne raclée à c'morveux !

– Oh, ferme ta gueule ! Tu vas pas nous emmerder pour ça ! Il faut qu'il apprenne à s'débrouiller ce p'tit !

– Il finira en taule, oui, ça lui pend au nez !

– C'est bien mon p'tit gars, toi, tu s'ras un homme, mais il faut être plus malin. Écoute pas ta mère, elle nous fait chier. T'es bien mon fils, toi au moins ! ajouta-t-il en m'ébouriffant les cheveux.

Mon père était d'humeur joyeuse. Il se déshabilla en riant tout seul et grimpa sur maman, pour fêter l'événement, sans doute. Je m'endormis rasséréné.

À part mon père qui me faisait si peur, à cause de sa violence, il y avait certains bruits que je ne pouvais supporter et qui provoquaient en moi d'immenses frayeurs. Étaient-ce réellement ces bruits, ou plutôt les personnes qui les faisaient, ou ce qu'elles représentaient, je ne sais pas. Toujours est-il que lorsque je m'amusais la nuit sur le trottoir et que j'entendais s'approcher une voiture d'infirme, je paniquais et filais rapidement me cacher. À cette époque, ces petites voitures étaient mues par un volant qui faisait balancier. J'entendais le tic-tac émis par ce volant ainsi que le grincement des roues ; c'était un supplice pour moi, tant que cette voiture ne s'était pas éloignée.

Pourquoi avais-je si peur ?

Un homme passant dans la rue avec une jambe de bois m'inspirait une frayeur identique. D'autres marchant avec des béquilles me terrorisaient tout autant. Ces gens infirmes, il y en avait un bon nombre en cette période d'après-guerre, et la plupart n'avaient pas des visages très réjouissants. J'avais même parfois l'impression d'entendre ces bruits alors qu'il n'y avait personne près de moi. Je ne crois pas que ce soit le fait qu'ils soient infirmes qui m'inquiétait. Mais ce bruit résonnait d'une manière bizarre dans ma tête et, à la limite, je l'interprétais comme un avertissement de la mort.

Il y avait un vieillard aveugle dans le quartier, et lui, je l'aimais beaucoup. Je me sentais très bien auprès de lui. Quand je l'apercevais dans la rue, assis sur son pliant, cassant du bois avec sa hachette, je ne manquais jamais d'aller le saluer. Je l'aidais souvent à rassembler toutes ces bûchettes qu'il taillait. Je trouvais incroyable qu'un homme ne voyant rien soit si habile de ses mains. Dès que je m'approchais de lui, il me reconnaissait sans que je parle. Il sentait ma présence. Il était calme et reposant, me parlait avec une infinie douceur et avait toujours sur lui un bonbon à m'offrir.

2

LA SÉPARATION

Une journée, qui aurait pu être comme toutes les autres, fit tourner la roue de ma vie dans une autre direction. Un incident sans grande gravité bouleversa notre milieu familial.

Avec un petit groupe de copains, nous étions allés faire du patin à roulettes, un jeudi après-midi, sous le marché couvert de Levallois. Les patins que je portais m'avaient été prêtés, et c'était la première fois que je pouvais m'adonner à ce jeu.

Je ne me sentais pas très sûr, mais n'en laissais rien paraître. Mes copains roulaient comme des fous dans tous les sens et j'en faisais autant pour ne pas passer pour un imbécile. C'est là que se produisit l'incident. J'ai perdu l'équilibre et, lancé à toute vitesse, fait une chute fracassante. En tombant, je m'étais à moitié assommé et je mis quelques instants pour récupérer mes esprits.

Les copains m'ont aidé à me remettre debout et ce n'était pas chose aisée, car je sentais ma jambe droite se dérober sous mon poids. Elle me faisait très mal.

Je riais jaune, ne voulant pas trop perdre la face, et je me remis tant bien que mal à rouler sur mes patins, cependant, le cœur n'y était plus.

Le reste de l'après-midi me parut bien long, mais je voulais absolument continuer. Quand les copains ont donné le signal du retour, je me suis senti soulagé et bien décidé à ne pas me resservir de ces roulettes complètement idiotes. Ma jambe me faisait encore très mal, et j'étais bien content de rentrer chez moi.

Lorsque ma mère est arrivée de son travail, elle fut très étonnée de me trouver à la maison, assis sur le divan.

– Qu'est-ce que tu fais là ? me demanda-t-elle.

– J'ai mal à ma jambe, je m'suis cassé la gueule en faisant du patin à roulettes.

– À qui c'étaient, ces patins ?

– À un copain qui m'les a prêtés !

– Tu les lui as rendus au moins ?

– Mais oui ! Mais j'ai mal à ma jambe !

– Tu vas pas commencer à m'emmerder ! Si tu fais ton cinéma pour pas aller à l'école, c'est pas la peine.

– J't'assure, m'man, ça m'fait mal !

– Allez oust ! Dehors ! Demain, tu sentiras plus rien, qu'est-ce que tu peux être douillet, allez, file !

Sans entrain, je suis sorti et suis allé m'asseoir sur la passerelle, me sentant incapable de pouvoir la descendre tant je souffrais. Ce soir-là, je me suis couché dès que possible, torturé par la douleur, et sans avoir réussi à faire admettre à ma mère que mes souffrances étaient réelles.

J'ai passé une nuit atroce. La moindre secousse du lit me faisait gémir et je sentais la fièvre m'envahir sournoisement. J'étais bien seul, avec ma souffrance pour toute compagnie. Ma mère fut très étonnée de me trouver au petit matin, les yeux grands ouverts. Je suais à grosses gouttes et me sentais de plus en plus mal.

– Qu'est-ce que t'as encore ?

– C'est ma jambe, j'ai tellement mal.

– T'as une drôle de tronche ce matin !

– J'peux pas dormir.

Elle vint poser sa main sur mon front.

– Bien sûr, t'as d'la fièvre ! Ça commence bien la journée ! C'est gai ! Bon, j'vais faire venir un toubib. Tu t'rends compte, avec ça, j'vais pas pouvoir aller bosser ce matin, faut toujours qu't'emmerdes le monde ! J'vais chez la mère Benoure téléphoner et j'reviens.

Michelle qui avait assisté à la scène, assise sur son lit, vint me voir.

– Qu'est-ce t'as, Jean-Jean ?

– C'est ma jambe qui me fait mal.

– C'est quoi qui va t'faire le tobi ?

– J'sais pas, moi !

– Y va p't'être te couper la jambe pour plus qu't'as mal, hein ?

– T'es cinglée ! Après, j'pourrais plus marcher !

– C'est pourquoi qu't'es tout rouge ?

– Parc'que j'ai la fièvre, t'es énervante !

– Tu vas aller à l'hôpital ?

– J'sais pas, j'm'en fous.

– Moi, j'veux pas qu'tu y vas à l'hôpital... Dis, si tu t'en vas, j'partira avec toi ?

– Qu'est-ce que vous foutez ? Où est maman ? demanda René qui venait d'émerger de son sommeil.

– C'est Jean-Jean qu'est malade, on va y couper la jambe, répondit Michelle.

– C'est vrai ?

– Mais non, elle dit des conneries. Maman est partie chercher le docteur parc'que j'ai mal et qu'j'ai la fièvre.

– Hé ! V'là maman, va t'habiller, Michelle, sinon elle va gueuler, dit René en sautant du lit, ce qui m'arracha un cri de douleur.

Quand ma mère rentra, René et Michelle se préparaient. Elle s'habilla en ronchonnant, elle n'avait pas l'air très contente.

– Ça va faire bien quand l'docteur viendra, avec ton père qui en écrase à côté de toi. J'te jure, faut avoir les nerfs bien accrochés dans cette taule. Et vous, dépêchez-vous d'vous préparer !

– Maman, tu crois qu'le do'teur y va emmener Jean-Jean à l'hôpital ? demanda Michelle.

– J'sais pas moi, j'en sais rien !

– Y va p't'être y couper la jambe ?

Ma mère balança une gifle à Michelle, ce qui lui cloua le bec instantanément. Quand elle sortit pour aller en classe, elle me lança un regard désespéré, tout embué de larmes. Je lui adressai un petit sourire pour la rassurer et la regardai partir avec René, bien déçu pour une fois de ne pas pouvoir aller à l'école.

Quand le médecin arriva et qu'il souleva les couvertures, il émit un sifflement en voyant ma jambe. Il ne me toucha même pas.

– Il a une belle fracture, ça c'est passé quand ?

– Hier, docteur, il est tombé en jouant.

– Pourquoi ne m'avez-vous pas appelé plus tôt, vous vous rendez compte !

– Oh ! vous savez, s'il fallait écouter les mômes à chaque fois qu'ils se plaignent, j'm'en sortirais plus. Surtout avec celui-là !

– Tu as très mal, mon petit ?

Je lançai un rapide regard vers ma mère pour savoir ce que je pouvais répondre et préférai me taire devant son regard foudroyant.

– On va t'emmener à l'hôpital pour te soigner et tu ne sentiras plus rien après. Tu veux bien ?

– Oui, m'sieur.

– C'est pas la peine de lui demander son avis ! Moi j'travaille et j'peux pas le garder.

– Mais, madame, il n'est pas question de vous laisser cet enfant, d'ailleurs c'est hier qu'il aurait dû être hospitalisé. Lui avez-vous donné des calmants cette nuit ?

– Non... mais j'croyais qu'il le faisait exprès !

– Madame, vous n'avez pas à croire, vous n'aviez qu'à regarder sa jambe, enfin, ça saute aux yeux, tout de même !

– Écoutez, moi j'ai pas qu'ça à faire. Il faut que j'aille travailler !

– Mais partez, partez, madame ! Je vais faire venir une ambulance. Auparavant, je vais lui faire une piqûre calmante, car il doit souffrir, ce pauvre gosse. Tu as l'air bien courageux, mon petit bonhomme. Tu verras, tu n'auras presque plus mal après.

– Vous savez, docteur, je n'ai pas assez d'argent pour... Si j'pouvais vous payer plus tard...

– Bon, bon, vous en faites pas, on s'arrangera une autre fois.

– Il va aller au Perpétuel-Secours, j'espère ?

– Oui, il sera très bien là-bas.

Le docteur me fit sa piqûre et ma mère pendant ce temps partit travailler. Il referma sa trousse aussitôt après avoir écrit quelques lignes sur une feuille de papier qu'il posa en évidence sur la table, puis vint s'asseoir près de moi. D'un signe de la tête, il me demanda qui était à côté de moi.

– C'est mon père, lui répondis-je.

– Dis donc, il a le sommeil lourd ! me chuchota-t-il.

D'un geste de ma main autour de mon nez, je lui fis comprendre que, l'alcool aidant, la maison pourrait bien s'écrouler qu'il ne se rendrait compte de rien. Le docteur me sourit puis me donna une poignée de main et sortit.

– L'ambulance va venir te prendre, sois bien sage et ne bouge pas ta jambe. Salut, gamin !

– Salut, m'sieur !

Je suis resté environ une heure à attendre l'ambulance. La douleur était moins vive. Mon père dormait toujours. Il n'entendit même pas les infirmiers m'emporter. Je ne savais pas, ce jour-là, que je ne reverrais plus mon père de sitôt, et que ma vie allait changer.

J'ai quitté la maison sur un brancard. Le voyage ne fut pas très long et, au fond de moi, j'étais très satisfait d'entendre le Klaxon du véhicule fonctionner pour ma petite personne.

En arrivant à l'hôpital, on m'emmena directement vers la salle de radiographie que je connaissais déjà, et l'on prit quelques clichés. Puis on me transporta dans une autre salle pour me faire un plâtrage. Tout le monde s'affairait autour de moi et même si l'on me parlait avec douceur, je me sentais très intimidé. Je n'étais pas habitué à tant de sollicitude, et il y avait beaucoup de têtes nouvelles autour de moi. Lorsque les soins furent terminés, je fus transporté au service des femmes, car il n'y avait pas de place chez les enfants.

J'étais épuisé de ma nuit sans sommeil ainsi que des souffrances que je venais à nouveau d'endurer. Je pensais que j'allais pouvoir dormir, mais ce n'était pas encore le moment. Une escouade d'infirmières fit irruption avec un chariot autour de mon lit. On venait à peine de m'y déposer, et je n'avais pas eu le temps de souffler que je me suis retrouvé nu comme un ver. Elles me savonnèrent partout, leurs mains parcouraient mon corps avec insistance car j'étais très sale évidemment.

Quelle honte ! Je n'avais pas prêté attention à la chambre dans laquelle on m'avait installé, et je venais de découvrir avec stupéfaction qu'il y avait plein de bonnes femmes dans cette chambre, et qu'elles étaient toutes assises sur leur lit à regarder ma nudité. J'en étais saisi. Je n'osais plus rouvrir les yeux. J'ai bien essayé d'attraper les draps pour me couvrir, mais les infirmières les rejetèrent au pied du lit et continuèrent leur grande lessive.

Quand tout fut terminé, on me passa une chemise de l'hôpital puis, après un dernier coup de peigne, je fus couvert et en profitai pour me cacher totalement sous les couvertures. Je ne voulais plus bouger, il ne fallait pas que l'on me voie, j'avais trop honte. Je finis par m'endormir. Un long sommeil réparateur.

Une infirmière vint me réveiller dans la soirée avec un bon repas que j'ai avalé à toute vitesse en prenant soin de ne pas lever les yeux de mon plateau, tant je craignais de rencontrer un regard posé sur moi. Mon dîner terminé, je me suis engouffré dans mon lit et suis reparti pour la nuit.

Je fus réveillé le lendemain par le babillage de ces dames, qui commençaient à s'agiter dans la chambre. Une infirmière nous apporta des thermomètres, puis ce fut le petit déjeuner, accompagné pour moi d'une mixture atroce nommée « huile de foie de morue ». C'était infect. Lors de mes différentes hospitalisations, j'avais déjà goûté ce breuvage écœurant et j'étais démoralisé à l'idée que, chaque jour, on allait encore me faire avaler ce poison violent. Berk ! Berk ! Berk !

La matinée fut bien remplie. Le personnel de l'hôpital effectuait un va-et-vient incessant dans la chambrée. Je surveillais les femmes du coin de l'œil et, apparemment, elles n'avaient pas l'air de se préoccuper de ma présence, ce qui me rassura un peu. Je n'avais pas encore articulé un seul mot depuis mon entrée dans la chambre et j'étais bien décidé à ne pas l'ouvrir de sitôt.

Après des infirmières qui vinrent faire ma toilette, ce furent des médecins qui passèrent me voir. Je n'ouvris pas le bec pour répondre aux questions qu'ils me posèrent. Ils soulevèrent les draps et se mirent chacun à son tour à me tripoter, me pinçant la peau sur les côtes, inspectant mes cheveux, m'écartant les paupières, etc. Tout y passa. Pas un centimètre carré de mon corps qui ne fut regardé avec insistance. Qu'est-ce qui pouvait autant les intéresser ? Moi qui n'intéressais jamais personne, je me sentais livré en pâture à une bande de lions affamés.

J'avais à peine eu le temps de me remettre de mes émotions qu'une assistante sociale arriva devant mon lit. Elle au moins, je la connaissais, c'était mademoiselle Simon. Elle venait quelquefois à la maison voir ma mère. Je me tins aussitôt sur mes gardes, car elle ne m'était pas très sympathique.

– Bonjour, Jean, tu me reconnais ?

– Oui.

– Tu es bien ici ?

– Oui.

– Alors, t'as fait des bêtises ?

– ...

– Tu sais, c'est pas grave, ce sont des choses qui arrivent.

Elle pouvait aller se faire foutre avec son sermon, si elle avait l'intention de m'en faire un.

– J'irai voir ta mère pour les papiers et pour lui donner de tes nouvelles, t'es content ?

– ...

– Si tu as besoin de quelque chose, dis-le moi.

– ...

– Bon, je te laisse, je reviendrai te voir demain, au revoir, mon petit.

« Ouf ! elle était enfin partie. Elle veut aller voir ma mère, tu parles ! À chaque fois qu'elle va à la maison, je me demande ce qu'elles peuvent se raconter toute les deux, elles s'enferment à la baraque et complotent je ne sais trop quoi. Il faut que je me méfie de celle-là, c'est une drôle de bonne femme. »

J'étais soulagé, les agressions étrangères étaient terminées pour la journée. Je me retrouvais seul avec moi-même bloqué sur ce lit avec ma patte cassée, mais assez confortablement installé.

Je me sentais bien dans cet hôpital. Tout y était blanc et propre. Là, il n'y avait pas de bagarres, pas de cris, pas de disputes, la nourriture y était délicieuse et variée. L'hôpital, c'était la sécurité.

Quelques jours après mon arrivée, je fus transporté dans la chambre située de l'autre côté de celle où j'étais. Cette chambre ne comportait que deux lits. Une femme d'un âge avancé était dans le lit en face du mien et m'accueillit avec un grand sourire. Nous sommes devenus amis rapidement, bien que je me sois posé d'innombrables questions sur son comportement qui me paraissait pour le moins étrange.

Elle pouvait se déplacer à sa guise et passait de longs moments assise sur mon lit à me parler en me caressant les mains ou les cheveux. Elle m'embrassait constamment, me parlait doucement comme si j'étais à l'article de la mort. Moi qui étais habitué à recevoir des coups de pied au cul, ça me changeait, c'est le moins qu'on puisse dire.

Cette femme partit un jour et une autre, puis une autre, puis encore une autre la remplaça. Les aiguilles du temps tournaient sans que je m'en rende compte. J'avais pris de petites habitudes et ne m'ennuyais pas du tout.

Chaque jour, mademoiselle Simon venait me faire une petite visite. J'avais oublié ma méfiance et je m'accommodais fort bien de sa présence. Cela me faisait un peu oublier que je n'avais pas encore revu ma mère depuis mon hospitalisation. Les infirmières me choyaient et ne savaient qu'inventer pour me faire plaisir. Elles m'apportaient des illustrés et des bonbons, certaines venaient me voir les jours où elles étaient en congé ; elles se montraient toutes très amicales à mon égard.

Qu'était devenue ma famille ? Je n'en savais rien. Personne ne m'en parlait. J'avais un peu oublié mon passé, enfin je n'y pensais pas souvent. J'aurais aimé revoir René et Michelle pour leur raconter ce que je faisais, et je regrettais parfois qu'ils ne soient pas auprès de moi pour que l'on s'amuse ensemble.

J'avais pris du poids, je n'étais plus chétif comme à mon arrivée. J'étais aussi très propre. Je ne faisais plus de tours pendables comme avant. J'étais devenu un petit garçon presque normal, sain de corps et d'esprit.

Pour que je puisse me déplacer à ma guise dans l'hôpital, on avait mis à ma disposition une voiture roulante que je dirigeais comme un professionnel. Quelle revanche pour moi qui avais tant tremblé devant ces voitures d'en avoir une aujourd'hui ! J'allais partout, je parcourais les couloirs, assis sur mon bolide, d'un bout à l'autre de l'hôpital, à une vitesse vertigineuse. Les infirmières se garaient à mon passage, car elles connaissaient ma vitesse de croisière et n'avaient pas envie de se faire écraser. On me demandait parfois de circuler plus doucement mais, en fait, tout le monde trouvait mon petit jeu très amusant.

Il fallut m'enlever mon plâtre au bout de quelques mois. J'étais content à l'idée de revoir ma jambe mais, hélas, je n'ai fait que l'apercevoir. Le plâtre enlevé, le médecin constata que ma jambe était de travers. On me fit passer une radio, puis on me replâtra après m'avoir torturé quelque peu.

Ma vie quotidienne reprit aussitôt son cours, sans changement. Peu de temps après, ma mère vint me voir. Je ne sais pas pourquoi elle s'est dérangée, car elle ne m'a pratiquement pas parlé et n'est restée que quelques minutes auprès de moi. Je fus soulagé de la voir partir si vite, je l'avais presque oubliée et m'étais accoutumé à son absence.

Mon séjour se prolongeant, les religieuses qui dirigeaient l'hôpital me donnèrent des occupations pour meubler mes journées. J'étais chargé, chaque jour, d'aller à la salle de pharmacie chercher les médicaments nécessaires pour les traitements des malades. Je transportais un panier d'osier dans lequel la religieuse qui m'accompagnait mettait toutes les boîtes et tous les tubes indiqués sur sa liste. Je faisais aussi le nettoyage des seringues, ainsi que le pliage des compresses ; enfin, j'étais débordé de travail et n'avais pas une minute à moi.

J'étais très heureux d'être utile à quelqu'un et ces occupations me passionnaient. J'avais mes entrées dans la partie de l'hôpital réservée aux logements des sœurs et qui était formellement interdite à quiconque. J'étais le seul à pouvoir circuler dans ces lieux cachés et j'en étais très fier. La mère supérieure était d'une infinie bonté avec moi, et je me serais plié en dix si elle me l'avait demandé. Ses désirs étaient pour moi des ordres et j'étais le plus heureux des gosses quand elle me demandait un service.

Quand mon deuxième plâtre a été retiré, j'ai abandonné ma petite voiture pour des béquilles. Cette nouvelle façon de me déplacer me plaisait bien, je regrettais toutefois le manque de rapidité de mon moyen de locomotion. Je faisais de la rééducation pour réveiller mes muscles de leur long sommeil. Comme j'étais devenu plus valide qu'auparavant, la mère supérieure me demanda de servir l'office le dimanche matin à la chapelle. Je suis donc devenu enfant de chœur.

Noël arriva, et je reçus un merveilleux cadeau de la part des infirmières. Elles m'offrirent une fantastique robe de chambre qu'elles avaient faite elles-mêmes dans un tissu soyeux. Je me trouvais très beau et ne manquais jamais de m'admirer dans un miroir lorsqu'il y en avait un sur mon passage. La surprise avait été grande pour ce premier cadeau de ma vie et j'en prenais un soin énorme.

Les jours passaient et les médecins constatèrent que la guérison de ma jambe ne s'effectuait pas aussi bien qu'ils l'avaient imaginé. En effet, la pointe de mon pied tournait de plus en plus vers l'intérieur et je sentais de légères douleurs au niveau de la cheville. Je les entendis parler d'intervention chirurgicale, ce qui me causa une grande frayeur. Je n'avais pas envie de me retrouver dans le même état que les autres malades. Étant au service chirurgie, depuis mon entrée à l'hôpital, j'en avais vu des femmes revenir de la salle d'opération. Je n'aimais pas ça du tout. Elles semblaient presque mortes et leurs gémissements me tintaient encore à l'oreille.

Chaque soir, une religieuse venait s'agenouiller au milieu du couloir qui desservait les chambres de mon service et faisait une prière à haute voix pour les opérés du lendemain. Je suivais ces prières sans réellement y participer, et j'eus le désagrément un soir d'entendre citer mon nom. Ma nuit était déjà finie avant d'avoir commencé. Au petit jour, je décidai donc de me défiler et allai m'enfermer dans les waters, avec la ferme intention de n'en sortir sous aucun prétexte. Ma cachette finit par être découverte et je dus céder devant les prières des sœurs qui me jurèrent leurs grands dieux que je ne sentirais rien et que tout se passerait le mieux du monde. Les brancardiers m'emportèrent après ma capitulation.

À mon réveil, j'eus la surprise de voir ma jambe à nouveau plâtrée. Ce mauvais moment passé, je repris mes occupations diverses, toujours ponctuées par les visites quotidiennes de mademoiselle Simon.

Ma mère vint une deuxième fois me faire une visite éclair qui se passa dans les mêmes conditions que la première.

Quand, enfin, on me retira mon troisième plâtre, tout allait bien, et il ne me restait plus qu'à refaire une bonne rééducation afin que ma jambe retrouve toutes ses facultés.

Cela faisait déjà un an que j'étais dans cet hôpital. Le temps n'avait pas réellement compté pour moi. Je ne pouvais passer le reste de ma vie dans cet endroit et ce fut avec beaucoup de regrets que je dus le quitter en compagnie de mademoiselle Simon. Elle m'accompagna en train jusqu'à Carnac où devait se passer ma convalescence.

Lorsqu'elle me quitta, ce sentiment de néant qui m'avait autrefois habité m'envahit à nouveau. Je me retrouvais seul, pauvre petite chose de rien du tout, perdu au milieu d'une nuée de gosses qui m'examinaient sous toutes les coutures. J'étais déchiré, perdu, abandonné dans cet endroit austère que dirigeaient des religieuses m'apparaissant comme des monstres avec leurs tenues étranges ! Elles portaient de longues robes grises, ternes ; sur chacune pendait une croix au bout d'un long cordon encerclant leur taille, et leurs visages étaient enfoncés dans de profonds tuyaux blancs qui n'étaient en réalité que des cornettes. Mes sœurs à moi, elles étaient beaucoup plus belles dans leurs robes blanches couvertes d'un long voile.

J'en avais froid dans le dos et pensais que je ne pourrais jamais rester là. Pourtant, je n'avais pas le choix, je dus y séjourner plusieurs mois.

Après les premiers jours qui furent difficiles, je me suis habitué à ma nouvelle résidence. Les bâtiments étaient agréables et la vie conçue pour des enfants. Je dormais dans un immense dortoir où le chahut n'était pas exclu. Cette existence me convenait malgré ce que je m'étais imaginé à mon arrivée.

Un jour, je fus transféré dans un autre centre en Bretagne avec quelques gosses. Ma jambe était guérie mais je devais avoir des problèmes aux poumons, car je me souviens que, tous les jours, on me faisait souffler dans un appareil bizarre.

Ces deux maisons de repos m'avaient toutefois apporté quelques tourments. Mes compagnons de séjour avaient des parents qu'ils retrouvaient fréquemment le dimanche bien qu'ils viennent le plus souvent de très loin. Moi, j'étais toujours seul, pas de courrier ni de visites de ma mère. Mon père, lui, ne s'était peut-être pas aperçu de mon absence, il buvait tant. Mais ma mère, pourquoi ne donnait-elle pas signe de vie ?

Quand on m'annonça que j'allais rentrer chez moi, un sentiment mitigé de joie et d'inquiétude me mit les nerfs à vif. J'étais évidemment très excité de retrouver tout le monde et le voyage du retour me parut interminable. Le fourgon me déposa à l'hôpital du Perpétuel-

Secours où je pus revoir toutes les personnes qui avaient été si gentilles avec moi.

Ma mère vint me chercher. Elle ne me dit pas bonjour, ce qui me choqua. Ce n'était pas dans ses habitudes de me faire des embrassades, mais il y avait si longtemps que je ne l'avais vue. J'avais appris à être poli, ce qui n'était pas le cas avant. J'étais terriblement froissé de son indifférence et la suivis de mauvaise grâce à la maison.

Je marchais en retrait derrière elle et j'avais du mal à la reconnaître. Elle avait changé. Elle était habillée d'une robe assez belle, les cheveux bien coiffés, et ce qui m'avait frappé en la voyant à l'hôpital, c'étaient ses ongles et sa bouche qui étaient peints.

Dans la rue, elle ne m'adressa la parole que pour me dire d'accélérer le pas et rien d'autre. J'avais même l'impression qu'elle était en colère, pourtant c'était certain, je n'avais rien fait.

Des cris de joie m'accueillirent quand j'arrivai dans notre cour. René, Michelle, madame Benoure, les mômes de l'immeuble, tout le monde se pressait autour de moi. Je n'avais pas assez d'oreilles pour entendre toutes les questions que l'on me posait, les gosses me tiraient par les bras, on me flattait, on m'admirait, j'étais fêté comme un roi. Dans la bousculade, je cherchai vainement ma mère du regard, mais elle avait disparu. Elle était sans doute montée à la maison...

Après ces grandes effusions, je suis allé chez nous avec Michelle et René. Tout était pareil, rien n'avait bougé. Si, pourtant, la poussette n'était pas là.

– Où sont les petits ? demandai-je à ma mère.

– Ils sont pas là ! répondit maman sèchement.

– Ils sont malades ?

– Ils sont plus là, c'est tout ! Tu vas pas commencer à me faire chier avec tes questions idiotes, va jouer dehors et fous-moi la paix !

Un peu ahuri par cette réaction, je suis ressorti en compagnie de mon frère et de ma sœur. Nous sommes allés sur le trottoir d'en face nous asseoir pour discuter. Je voulais poser beaucoup de questions, mais je n'arrivais pas à ouvrir la bouche. J'étais songeur. René rompit le silence.

– Tu sais, les jumeaux, ça fait longtemps qu'ils sont plus là. Maman dit qu'y sont en nourrice.

– Pourquoi en nourrice ?

– J'sais pas, mais c'est quand j'suis été à l'hôpital.

– T'as été aussi à l'hôpital ?

– Ouais. Eh ben quand j'suis rentré, y z'étaient plus là !

– Et toi, Michelle, tu y as été aussi à l'hôpital ?

– Non, pas moi, j'suis restée à la maison.

– Et papa ?

– Il est à l'hôpital. C'est quand moi j'y étais qu'il est parti chez les fous à Sainte-Anne, et il est jamais revenu, dit René.

– Il se sauve plus ?

– J'sais pas. Maman, elle dit qu'y reviendra plus jamais.

– Il est p't'être mort ?

– Non, parc'que la mère Benoure, elle dit qu'ça va chier quand y va rentrer !

– Pourquoi qu'elle dit ça ?

– Pft ! J'sais pas !

– Pourquoi qu'elle est en colère, maman ?

– T'casse pas la tête, elle gueule tout le temps, enfin, quand elle est là, parc'que des fois, elle rentre même pas s'coucher.

– Ben, où elle dort ?

– J'en sais rien ! Elle veut pas nous l'dire. Faut pas qu't'y demandes, sinon elle t'foutra une baffe !

– D'abord, faut pas y parler, elle dit qu'ça l'énerve, ajouta Michelle.

– Ah bon ? Ben dis donc !

J'en revenais pas. Elle n'était déjà pas commode avant, mais maintenant...

– Hé, les enfants ! Venez voir un peu par là ! criait madame Benoure devant chez elle.

En trois enjambées, nous fûmes sur le pas de sa porte. Elle nous emmena dans sa cuisine où un superbe gâteau nous attendait sur la table.

– Quand j'ai su que tu rentrais, j'ai pensé que ça te ferait plaisir, après toutes tes misères. Dis-moi, tu étais bien ? Tu ne t'es pas trop ennuyé ?

– Oh non ! Ça va.

– Que tu es beau, et tu t'es remplumé. Ça va pas durer longtemps, enfin... Allez ! Mangez, les enfants, ça sera toujours ça de pris !

– Dis, tu sais où ils sont, les jumeaux ?

– Non, mais ne t'inquiète pas, ils sont certainement mieux là où ils sont.

– Tu crois qu'y reviendra, mon père ?

– Ça, je l'crains ! Ça lui fera tout drôle à l'autre là-haut, me répondit-elle en levant les yeux au plafond.

– C'est d'maman qu'tu parles ?

– Ouais ! Allez, laisse tomber ! C'est des histoires de grands. Mangez mes enfants, ça vaut mieux.

Je me sentais bien las. Je ne comprenais pas grand-chose à tout ce que l'on me disait, et j'étais un peu déçu par mon retour. J'avais eu une vie très calme pendant environ deux ans et je me sentais déjà retrempé dans ma vie passée.

J'eus beaucoup de mal à me réhabituer à la maison. Tout me paraissait si sale et si triste ! Ma mère rentrait très tard le soir et, parfois, pas du tout. Je commençais à maigrir, à devenir crasseux comme avant.

J'étais retourné à l'école mais n'y faisais rien. Je traînais dans les rues et je m'ennuyais. Je n'avais plus envie de m'amuser comme autrefois, le cœur n'y était plus. Des bagarres éclataient souvent entre René et moi, au sujet d'une croûte de pain ou d'un morceau de sucre. Il nous fallait nous débrouiller tout seuls lorsque notre mère ne rentrait pas, alors nous mettions à sac l'armoire en souhaitant trouver une bouchée de n'importe quoi, que nous nous disputions. J'avais recommencé à faire les poubelles. Madame Benoure nous donnait un peu de nourriture de temps en temps. Les jours passaient ainsi, sans grand espoir de changement.

Un soir que nous étions à la maison et que notre mère venait juste de rentrer, nous avons entendu un bruit de pas qui nous cloua instantanément sur place. Nous nous sommes regardés les uns après les autres sans oser comprendre. Un silence de mort s'était installé dans la pièce, nous retenions notre souffle. Ma mère n'avait pas eu le temps d'enlever son manteau et restait figée sur place. Ces pas étaient ceux de mon père, j'en étais certain. J'aurais reconnu son pas même s'il avait été placé au milieu d'un régiment d'infanterie. Je ne pouvais l'avoir oublié, il m'avait tant fait trembler pendant des années.

Quand la porte s'ouvrit avec fracas, et que je l'ai vu, se retenant à la porte comme autrefois, j'aurai voulu lui souhaiter la bienvenue, lui dire que j'étais content de le voir, mais je ne pouvais pas. Un nœud s'était formé dans ma gorge en voyant son regard. J'étais paralysé devant ses yeux perçants, ses yeux de fou. Il fixait ma mère, ses mâchoires étaient serrées. Il claqua la porte derrière lui et s'y adossa. Il rejeta sa tête en arrière et fixa le plafond.

Michelle vint s'agripper à mes vêtements comme autrefois, ce qui me fit sortir de ma torpeur. Nous sommes allés nous réfugier contre le mur derrière le canapé, suivis de René. Les tremblements de Michelle commençaient à me gagner et je sentais mon sang se glacer dans mes veines. Nous attendions serrés l'un contre l'autre le moment fatal où la violence de notre père allait éclater. Il avait l'air terrible. Notre mère restait plantée au milieu de la pièce.

– D'où tu sors, salope ! D'où tu sors ! hurla-t-il.

Elle n'avait pas eu le temps de faire un geste qu'il l'avait attrapée par le col de son manteau et plaquée contre la porte en lui cognant fortement la tête.

– Tu vas m'dire d'où tu viens, ordure ! Tu ne vas tout de même pas me faire croire que tu travailles jusqu'à onze heures le soir maintenant !

Il lui martelait la tête sur la porte comme pour mieux appuyer chaque mot.

Il la lâcha d'une main et la balança sur le côté, lui tenant fermement le cou de son autre main. Ma mère était blême, son regard était horrifié. Il se tourna vers nous.

– Regardez vot'mère, regardez cette ordure, elle vient de se faire sauter ! C'est une putain, une... Où sont les jumeaux ? Où... sont... les... jumeaux ? Qu'est-c'que t'en as fait, hein ?

Il hurlait. Il lança ma mère à travers la pièce et elle s'affala sur le lit. Mon père était debout au milieu de la chambre, les jambes écartées, les poings sur les hanches. Il était gigantesque, son torse se gonflait démesurément tant il respirait fort.

– Qu'est-c'que t'en as fait ? Tu vas me répondre ? T'as fait comme avec les autres, hein ! Tu les as abandonnés ! Réponds !

– Les autres... c'était... pour... toi...

– Où sont les p'tits, tu vas me répondre, charogne !

Il se jeta sur elle et lui donna un coup de poing dans la figure que, machinalement, je tentai d'esquiver. J'avais l'impression de recevoir les coups que ma mère encaissait.

– Tu vas me répondre, hein ? Tu vas me répondre !

– Ils sont... en... nourrice...

Il se releva d'un bond et se tint debout devant le lit où ma mère, après qu'il se fut relevé, s'était recroquevillée en boule pour se protéger de l'assaut suivant.

– T'as fait ça ! Les deux autres, ça suffisait pas !

Il sortit un couteau de sa poche et fit jaillir la lame. Il le tournait et retournait dans sa main en répétant :

– T'as fait ça ! T'as fait ça !

La terreur que provoquait ce couteau nous fit pousser des gémissements, nous étions agrippés les uns aux autres et notre respiration se faisait de plus en plus bruyante. Ma mère, en relevant la tête, vit l'arme qui la menaçait dangereusement. Elle se releva d'un bond et se mit à tourner autour de mon père, les bras tendus en avant.

– C'est pas moi ! C'est la mère Simon ! C'est pas moi ! J'voulais pas ! J'voulais pas !

Elle se faisait suppliante, mais mon père ne l'écoutait pas, il répétait sans cesse :

– T'as fait ça ! T'as fait ça !

Il tournait sur lui-même, épiant les gestes de ma mère. Puis il lança le bras en avant plusieurs fois dans sa direction sans l'atteindre. Il l'attrapa soudain de sa main libre et lui mit la pointe du couteau sous le menton. Ma mère recula doucement et s'adossa à l'armoire. Mon père avait suivi le mouvement et le couteau était prêt à s'enfoncer. Ils ne disaient plus rien. On entendait leurs respirations saccadées. Nous nous sommes alors précipités dehors en hurlant :

– Au secours ! Au secours !

Les voisins étaient sortis de chez eux, depuis longtemps sans doute, mais pas un ne bougeait.

– Au secours ! Il va tuer maman ! Au secours !

Nous dégringolions la passerelle en appelant désespérément, car personne ne faisait un mouvement. Dans la cour, nous nous sommes jetés dans les bras de madame Benoure.

– Venez à la maison les enfants, venez, les flics vont arriver.

– Il va tuer maman !

– Mais non, c'est pour lui faire peur, c'est tout. Calmez-vous, allons, n'ayez pas peur, il veut juste la corriger et elle l'a bien mérité !

– Mais il a un couteau !

– Allons, allons, c'est fini... Pauvres gosses... Vous en voyez de drôles.

Nous entendîmes des bruits sourds au-dessus de nos têtes, puis des cris, des sons de vaisselle cassée. Nous étions suspendus aux vêtements de madame Benoure et nos regards étaient fixés au plafond.

La police arriva et ce fut encore un sacré chahut à l'étage supérieur. On vit à travers les vitres de la cuisine mon père passer avec un escadron d'infirmiers qui l'avaient sérieusement ligoté sur un brancard. Quand tout fut redevenu calme, madame Benoure nous accompagna jusqu'à la porte de notre chambre. Un bazar indescriptible régnait dans la pièce. Ma mère, qui s'était baissée pour ramasser le désordre, se leva en nous voyant arriver.

– Eh ben... J't'avais prévenue ! J'te l'avais bien dit qu'il reviendrait !

– Oh, ça va ! C'est pas l'moment d'me faire chier !

– Tiens, j'te ramène tes gosses, s'exclama madame Benoure, tu f'rais bien de t'en occuper un peu au lieu d'courir les rues !

– Occupe-toi donc de tes fesses, j't'ai rien demandé !

– Tu veux donc les tuer, ces pauvres mômes ? Ils t'ont rien fait !

– Ah ! Ils valent pas plus cher que leur père, tiens ! C'est d'la merde tout ça !

– Ouais, mais j'te préviens que t'as intérêt à t'en occuper un peu mieux, sinon t'auras affaire à moi !

– Allez ! Barre-toi ! J't'ai rien d'mandé !

La porte se referma avec fracas sur madame Benoure. Comme nous restions debout, sans bouger, à pleurer, ma mère s'énerva après nous.

– Vous avez pas bientôt fini ces simagrées ! Vous n'allez pas m'emmerder, vous aussi ! Au lit ! Et que j'vous entende pas !

Maintenant que papa était reparti, elle avait retrouvé toute son assurance. Elle rangea le désordre pendant que nous nous mettions au lit. Nous n'avions pas dîné, mais pas une miette de pain n'aurait pu passer dans mon gosier. Une fois couchés, nos corps secoués de sanglots étouffés, nous nous regardions, encore abrutis par cette soirée. Je les avais oubliées mes terreurs nocturnes et, soudain, j'étais replongé dans cette ambiance que j'avais cru à jamais révolue.

De ce jour, je ne connus plus de repos. Mes nuits furent envahies de cauchemars où des monstres horribles s'acharnaient sur moi. J'étais écartelé, décapité, pendu, coupé en morceaux, éventré, étouffé, je tombais dans des précipices ou des fosses à serpents, je voulais me défendre mais n'avais aucune force, je voulais courir mais ne pouvais avancer, je mourais plusieurs fois par nuit et me réveillais chaque fois au moment fatal.

Je m'asseyais brusquement en poussant des hurlements quand, dans mes rêves, la mort me frappait. J'étais en transe, les yeux hagards, le corps en sueur, haletant et gémissant. Ces fantasmes ne s'interrompaient que lorsque ma mère me secouait fortement, et je retombais aussitôt dans un nouveau cauchemar.

Mon cerveau vacillait de plus en plus. Je vivais sans même m'en rendre compte, j'étais dans un état léthargique. Puis, peu à peu, je fis quelques escapades en dormant. Au début, je ne m'éloignais guère de notre chambre. Je me réveillais parfois sur la passerelle ou dans la cour et, curieusement, ces portions de sommeil étaient calmes. J'étais le plus souvent réveillé par la fraîcheur de la température extérieure.

Ma mère supportait très mal ces crises de somnambulisme mais je n'arrivais pas à comprendre ce qu'elle me reprochait. Je ne cherchais pas à savoir, j'avais totalement capitulé et ne me posais plus aucune question. Je vivais dans l'abrutissement le plus complet.

Un jour, le fils de madame Benoure, qui arrivait en permission, me croisa dans une rue très éloignée de la maison, en pleine nuit. J'étais en slip et errais sans but. Il me ramena chez lui, où je me suis réveillé le lendemain matin. Ma mère, après être venue me chercher, me conduisit au Perpétuel-Secours où je fus hospitalisé pendant un court laps de temps. On m'envoya ensuite à Servières-le-Château en Corrèze, où je suis resté plusieurs mois, jusqu'à une complète guérison de mon état mental.

Il y avait une école, dans ce lieu de repos, que je fréquentais comme tous les enfants. Je n'arrivais pourtant pas à m'insérer. Ma déficience mentale m'avait isolé et j'avais un comportement étrange. Je ne jouais jamais. Les heures de liberté que nous avions ne me servaient à rien. Je restais assis sur un banc de pierre, au bout de l'allée principale, et regardais la grille de l'entrée continuellement. J'attendais, j'attendais toujours, je ne sais qui, je ne sais quoi, mais j'attendais. Sans doute était-ce mon départ que j'attendais, car chaque fois qu'une ambulance pénétrait dans la propriété, mon cœur se mettait à battre violemment et chaque fois qu'elle repartait, je pleurais.

Mes nuits étant redevenues normales, je suis retourné à Levallois rejoindre ma famille qui n'avait pas changé. Mon père était toujours à Sainte-Anne, les jumeaux n'étaient pas revenus, et René et Michelle se débrouillaient du mieux qu'ils pouvaient pour survivre, car ma mère se faisait de plus en plus rare à la maison.

C'est pendant cette période que j'ai connu la plus grande misère. Madame Benoure qui était la seule à nous secourir s'arrangea avec le personnel de la cantine de l'usine Citroën située dans notre rue, afin de récupérer des restes pour nous nourrir.

Nous vivions pratiquement seuls tous les trois. L'hiver qui arriva fut très dur à supporter. Quelquefois, nous n'avions pas la force d'aller jusqu'à l'école et nous revenions transis dans notre logement glacial. Pour nous réchauffer, nous trempions nos mains dans une casserole d'eau chaude, puis nous nous couchions.

Notre solitude était pesante et les brèves apparitions de notre mère ne nous apportaient aucun réconfort. Ces visites lui donnaient l'occasion de nous insulter, de nous traiter comme des chiens, et nous ne comprenions rien devant son comportement agressif. Elle nous apportait toutefois un peu de nourriture, ce qui n'était pas à dédaigner.

Comme l'hiver s'estompait, je décidai de sortir de cette torpeur qui nous avait anéantis depuis plusieurs mois. Je savais que ma mère travaillait à la SPI, une entreprise de Levallois, et me suis rendu en fin d'après-midi à son travail afin de tenter de la faire rentrer à la maison. Je l'ai attendue sur le trottoir d'en face un long moment. Quand elle est sortie, elle m'a donné un peu de monnaie pour m'acheter des bonbons. Je suis entré aussitôt dans l'épicerie qui se trouvait à l'endroit où je l'avais attendue. Lorsque je suis ressorti, elle avait disparu. Je suis rentré à la maison tristement. Le lendemain, j'y suis retourné. Je me suis posté devant l'épicerie, au même endroit que la veille. J'ai attendu vainement.

Ne la voyant pas venir, je suis allé me renseigner auprès des gens qui sortaient et ils me dirent qu'elle avait déjà quitté le travail. J'ai tenté à plusieurs reprises de la voir, mais, à chaque fois, je suis rentré seul. Elle disparaissait de son travail comme par enchantement, et j'ai fini par comprendre qu'elle ne voulait pas que j'aille la chercher.

Je me sentais de plus en plus découragé devant notre situation, et la vitalité qui était la mienne durant les premières années de ma vie m'avait abandonné. J'allais sur mes dix ans et le bilan de mon existence n'était pas brillant. Si, jusqu'à cet âge, j'avais été en partie inconscient, j'arrivais à un stade où l'on commence à voir la réalité des choses, et celle-ci n'était pas encourageante. Il fallait que je sache ce que faisait ma mère, c'était devenu une idée fixe. À la première occasion, je me suis jeté à l'eau.

– Maman, pourquoi tu ne rentres plus à la maison ?

– Parce que... j'ai pas l'temps.

– Tu sais, quand j'vais à ton travail, j'te vois jamais !

– Oui, d'ailleurs, j'aimerais que t'arrêtes de me surveiller. Et puis, ça la fiche mal pour moi quand tu viens, t'as vu l'allure que t'as ?

– Mais c'est pour qu'tu rentres ! On n'a rien à manger ici !

– Tu penses qu'à bouffer ! Tu crois qu'je ponds le fric !

– Non... Mais quand papa il était...

– Ah ! Fous-moi la paix avec ton père. Et qu'il crève, merde ! Il m'a assez fait chier, celui-là !

Le silence s'était installé entre nous. J'étais tout de même content d'avoir échangé quelques mots avec elle, mais il valait mieux que je la ferme maintenant, car je ne tenais pas à ce qu'elle se mette en colère. Elle nous préparait à manger et j'en profitais pour aller chercher René et Michelle. On se mit à table et ma mère se prépara à partir. Avant de nous quitter, elle nous dit :

– Si vous êtes sages, je vous présenterai un monsieur. Mais il faudra bien vous tenir, j'vous préviens !

– C'est qui ? On l'connaît ?

– Non, vous l'avez jamais vu. Vous verrez, il est beau. C'est un cow-boy, alors vous aurez intérêt à être sage !

– C'est quand qu'on l'verra ?

– Bientôt, j'viendrai vous chercher.

Et la porte se referma sur elle. Nous étions perplexes. Nous nous regardions tous les trois, nos fourchettes restaient en suspens. Après cet instant de surprise, notre joie éclata. On dansait, on riait, on chantait, on criait :

– Et youpi ! Tagada, tagada, youpi !

Nous galopions dans la chambre, imitant un cow-boy sur son cheval. Nous faisions un chahut de tous les diables, tant et si bien que l'on vit bientôt madame Benoure, affolée, pénétrer dans la chambre.

– Qu'est-ce qu'y s'passe ? Qu'est-ce qu'y vous prend ?

– On va aller voir un cow-boy, et youpi !

– Qu'est-ce que vous racontez ? Vous êtes malades !

– C'est maman qui l'a dit ! Tagada, tagada...

– Mais arrêtez ! J'comprends rien ! Arrêtez ce bazar ! Qui vous a parlé de cow-boy ?

– C'est maman ! Elle a dit qu'elle nous emmènerait voir un monsieur.

– Et pis elle a dit qu'c'était un cow-boy !

– Et pis qu'il était beau !

Nous parlions tous à la fois, chacun voulait donner son explication à madame Benoure qui n'avait pas l'air de bien comprendre ce qu'on lui racontait.

– Décidément, j'ai l'impression que Blanche est de plus en plus folle !

– Mais non ! C'est vrai, j't'assure !

– Ouais ! Eh bien, on en reparlera, enfin... faites un peu moins de bruit, tout de même. J'serais à vot'place, j'me méfierais d'cette histoire. Allez ! Au revoir, les enfants.

Elle ne nous avait pas crus. Nous étions indifférents à sa réaction, tant notre joie était immense. Fini de crever la faim, fini d'avoir froid, finie la misère, finie la solitude, notre vie allait changer. Avec un cow-boy, tous les espoirs étaient permis, et notre mère avait eu une façon d'en parler avec extase qui était réellement convaincante.

Quelle soirée, quelle merveilleuse nuit aussi, peuplée de rêves où notre cow-boy était constamment présent. Hélas, il nous fallut attendre plusieurs jours avant de voir notre mère revenir à la maison. Notre joie avait fini par s'estomper peu à peu, et le découragement nous guettait quand, enfin, elle arriva.

Nous avons fait une grande toilette, mis des vêtements propres, et en route vers l'espoir, vers l'avenir. Nous marchions sagement près de notre mère, impatients et anxieux. Bien que très propre, j'avais tout de même honte de me présenter devant ce personnage important avec mes frusques usagées. Du coin de l'œil je regardais René, qui n'arrêtait pas de se passer la main dans les cheveux, ainsi que Michelle, qui tentait vainement d'allonger sa robe trop courte en tirant dessus. Apparemment, leurs préoccupations étaient identiques aux miennes.

Nous nous sommes arrêtés devant un bistrot, dans lequel notre mère pénétra après nous avoir demandé de l'attendre sagement. Un instant après, elle revint nous chercher et nous entrâmes à sa suite, sans oublier de jeter un dernier regard sur nos toilettes.

Elle nous emmena près du bar où un homme d'une haute stature était accoudé. Il nous fit un grand sourire, découvrant ainsi sa dentition qui était composée en partie de dents en or. Il avait des cheveux crépus, le teint basané, il tenait un verre dans sa main gauche où une énorme bague luisait à son petit doigt. Ça ne pouvait pas être lui, c'était un Arabe, ce n'était pas un cow-boy !

– Hariss, je te présente René, Jean et Michelle. Voilà.

Nous en étions restés tous les trois interdits. Tout s'écroulait, nos rêves, nos espoirs, notre joie, tout était gâché.

– Alors, vous dites pas bonjour à Hariss ?

Nous lui avons dit bonjour du bout des lèvres, écœurés par notre déception.

– Tu vois, j't'avais prévenu, faut pas t'attendre à c'qu'ils soient aimables avec toi ! Ce sont de vraies têtes de cochons.

– C'y noulmal ! Y'm'counnit pas !

Ah ! Cette voix ! Quelle horreur ! J'en aurais vomi, si je n'avais craint la colère de ma mère.

Il sortit quelques pièces de sa poche et nous les donna pour que l'on s'achète des bonbons. Sur l'ordre de notre mère, nous avons fait demi-tour.

Pour une surprise, c'était une surprise, c'était même une sacrée douche. Nous n'en revenions pas.

– T'as vu ! me dit René.

– Ouais, ben, elle est gonflée, si c'est ça qu'elle appelle un cow-boy, elle nous prend pour des cons !

– T'as vu ses dents ? C'est de l'or ! Il a p't'être des sous ! lança Michelle.

– Ouais, ben, si tu crois qu'il a des sous, tu t'gourres ! Les Arabes sont tous fauchés, y travaillent pour des clopinettes, répliquai-je.

– T'as vu ses fringues, il était bien sapé ! essaya de me convaincre René.

Je haussai les épaules. Il valait mieux oublier ce type que je regrettais d'avoir rencontré. Comme je l'avais imaginé, il n'apporta aucun changement dans notre existence. Les jours se succédèrent, identiques à ceux qui avaient précédé la rencontre et nous retombâmes dans notre désœuvrement.

3

L'ABANDON

L'automne qui arrivait nous apportait la perspective d'un nouvel hiver que nous appréhendions terriblement. Ma mère, qui nous rendait de rares visites, nous attendit à la sortie de l'école un jour, ce qui nous étonna et nous inquiéta en même temps. La seule explication qu'elle nous donna fut qu'elle craignait de ne pas nous trouver à la maison avant la nuit, car elle avait besoin de nous. Je m'interrogeai sur cette visite impromptue qui était pour le moins étrange. En arrivant à la maison, elle nous dit :

– Je vais aller au Prisunic acheter une valise, pendant ce temps, vous allez vous changer.

– Pourquoi faire ?

– Pourquoi tu vas chercher une valise ?

– Vous allez partir en vacances.

– Mais c'est pas les vacances, y a école demain ! lui dis-je.

– Demain, vous serez plus là, il n'y aura pas d'école, vous serez en vacances !

– Ouais ! Chouette !

– Où's qu'on va aller ? demanda Michelle.

– Tu l'verras bien. Dépêchez-vous, j'reviens tout de suite.

Nous étions prêts en quelques minutes. Quelle agitation dans nos têtes ! Hier, c'était le néant et aujourd'hui, boum ! Nous partions en vacances. La vie était pleine d'imprévus.

– Dis, tu crois que maman va venir avec nous ? me demanda René.

– J'sais pas, elle a rien dit.

– On va aller à la mer ? interrogea Michelle.

– Peut-être qu'on va où qu'y a des montagnes ! ajouta René.

Je ne savais pas où nous partions, mais j'étais dans tous mes états. Les vacances, c'était le rêve, on n'y allait jamais, et puis plus d'école, c'était formidable. Mon cerveau trottait à grande vitesse, je m'y voyais déjà. Je mélangeais tout, la montagne, la campagne, la mer, j'étais partout à la fois.

Quand ma mère revint, sa petite valise à la main, nous étions assis sur le canapé, l'attendant impatiemment. Nous avons bien essayé de lui poser quelques questions, mais elle nous envoya promener sèchement. Il ne nous restait plus qu'à attendre pour savoir.

Nous sommes partis en métro avec elle. C'était la première fois que je prenais le métro, ça commençait bien. Mes yeux étaient grands ouverts. Le métro ressemblait au train, et j'avais déjà voyagé en train, mais un voyage dans les tunnels c'était plus amusant. J'eus toutefois une petite déception en sortant, quand le voyage fut terminé, car nous n'avions pas quitté Paris. Je me rappelais que, lorsque j'avais pris le train, je m'étais à chaque fois retrouvé à la campagne. J'étais tellement excité que ma déception fut vite oubliée.

Nous avons marché le long d'une grande avenue pendant quelques minutes. Il faisait nuit. Nous nous sommes arrêtés devant un porche où ma mère, après avoir lu la plaque accrochée au mur, nous fit signe que nous étions arrivés.

Passé le porche, nous nous sommes dirigés vers un bâtiment situé sur la droite dans la cour. En entrant dans la grande salle toute blanche, je ne pus m'empêcher de penser à l'hôpital du Perpétuel-Secours. Tout était blanc comme là-bas, et mon impression se confirma quand une religieuse vint au-devant de nous. Ma mère lui tendit une enveloppe qu'elle venait de sortir de son sac. Nous nous regardions, de plus en plus surpris, mais n'osant pas demander où nous étions.

La religieuse se dirigea vers un bureau et appela au téléphone. Deux autres sœurs arrivèrent bientôt et se dirigèrent vers nous.

– Avez-vous encore quelques mots à dire aux enfants, madame ? dit l'une d'elles.

– Non, non.

– Bien. Vous pouvez leur dire au revoir maintenant.

Ma mère nous embrassa, ce qui me laissa perplexe. Elle ne nous embrassait jamais, il y avait de quoi s'étonner. Elle partit immédiatement après sans se retourner.

– Tu vas venir avec moi, Michelle, c'est bien comme cela que tu t'appelles, n'est-ce pas ? dit une sœur.

– Oui...

– Dis au revoir à tes frères, alors.

– Non ! J'veux rester avec eux ! Dis, Jean-Jean, tu vas rester avec moi, hein ? Sinon, j'veux pas partir en vacances !

– Allons, ne t'inquiète pas, tu les reverras plus tard ! Il faut que tu viennes avec moi pour le moment. Allez, embrasse-les ! insista la sœur.

Michelle s'était accrochée à mon bras et me regardait avec des yeux suppliants. Que pouvais-je faire ? Je l'embrassais.

– T'en fais pas, on se reverra tout à l'heure, ou peut-être demain. T'as qu'à y aller !

Ses yeux angoissés étaient pleins de larmes, mais elle nous fit une bise et partit tout de même.

La seconde religieuse nous emmena avec elle dans ce qu'elle appelait « l'habillement ». Dans cette grande pièce, de larges casiers en bois remplis de vêtements étaient fixés au mur. La sœur nous regarda de haut en bas et nous fit tourner sur nous-mêmes, puis elle alla dans les différents casiers chercher du linge. Il y avait de tout, du slip au béret. Elle nous fit à chacun un paquet, puis après nous l'avoir remis, nous accompagna jusqu'aux douches.

J'étais éberlué par ce trafic, et j'en déduisis que nous allions réellement partir en colonie de vacances. J'avais entendu les enfants en parler à l'école et je finissais par me persuader que le départ était proche.

Après la douche, on nous a coupé les cheveux et les ongles. Nos vieux habits disparurent comme par enchantement et nous nous sommes habillés avec ce que la sœur a sorti de notre trousseau. Pour la première fois de ma vie, j'ai mis une blouse. Elle était assez belle d'ailleurs. Le tissu était à petits carreaux bleus et blancs et elle se boutonnait dans le dos. Ça, ce n'était pas pratique, enfin... J'étais cependant surpris de mettre une blouse à cette heure-ci, il commençait à se faire tard et, en général, les blouses ne servaient que pour l'école. Il se passait trop de choses étonnantes pour que je m'arrête sur un si petit détail. La blouse ajustée, la religieuse nous passa une chaînette autour du cou, sur laquelle pendait une médaille de la Vierge. Nous allions de surprise en surprise. Après les beaux vêtements tout propres, on nous met une blouse et, ensuite, on nous donne des bijoux, cela devenait incroyable !

René et moi échangions des regards mi-surpris, mi-amusés. Nous n'osions pas parler, et il valait mieux attendre la suite des événements pour faire des commentaires.

Mon estomac commençait à jouer des castagnettes et je fus heureux d'entendre la sœur parler de dîner. Elle nous entraîna dans un immense réfectoire où deux couverts nous attendaient sur le coin d'une table. Ce repas de fortune était le bienvenu et nous en avons profité pour échanger quelques mots à voix basse.

– Tu crois qu'on va vraiment partir en vacances ? me demanda René.

– J'en sais rien, on dirait qu'c'est une maison de repos ici.

– Oui, mais on est toujours à Paris ! Le métro, c'est à Paris, c'est tout !

– Tu sais, moi, je n'y connais pas grand-chose. Hé ! T'as vu la médaille qu'elle nous a filée ?

– Tu parles, elle est bath !

– Si maman nous voyait avec ça, elle croirait qu'on l'a piquée !

– Pourquoi Michelle n'est pas venue manger avec nous ? me demanda soudain René.

– J'sais pas, quand j'étais à Servières, les filles mangeaient dans l'même réfectoire que nous, y a que dans les dortoirs que nous étions séparés.

– P't'être qu'y vont pas lui filer à bouffer ?

– T'es dingue ! Elle a rien fait !

– Ouais, mais des fois... Elles ont pas l'air commode les bonnes sœurs !

– Mais non ! Elles ont l'air comme ça, mais elles sont vachement bien, tu verras.

Quand notre repas fut terminé, la religieuse revint nous chercher et nous dit qu'elle nous emmenait au lit, car il était tard. Elle nous fit pénétrer dans un dortoir où les lits s'étendaient à perte de vue. Quelques têtes se soulevèrent sur notre passage, mais la plupart des enfants dormaient.

Ce fut très difficile pour moi de m'endormir. Mes pensées allaient bon train. Je repensai à ma mère qui nous avait embrassés et me demandai ce qui l'avait incitée à le faire. Comme, avec elle, il ne fallait jamais chercher à comprendre, je pensai donc à autre chose, aux vacances par exemple. Ah, les vacances ! C'était formidable, tout de même ! Peut-être que l'on irait à la mer, ou à la montagne, peut-être aussi à la campagne. C'était joli la campagne, j'avais bien aimé ; enfin, je verrais bien.

Le lendemain, je fus réveillé par une sœur qui tapait dans ses mains. Le silence de la nuit fut immédiatement remplacé par un brouhaha indescriptible. Assis sur le bord de mon lit, je regardais ce qui se passait autour de moi. Les enfants qui m'entouraient ne se préoccupaient pas de ma présence. Personne ne faisait attention à moi, et je ne savais pas ce que je devais faire. Je voyais des enfants passer et repasser devant mon lit en slip et maillot de corps. Ils circulaient dans tous les sens, et je me sentais perdu.

– Qu'est-ce que tu fais à rêvasser, t'as fait ta toilette ? me demanda une religieuse qui s'était approchée de mon lit.

– Oui, hier soir.

– T'es nouveau, toi. Comment tu t'appelles ?

– Jean Chassang.

– Va au bout du dortoir te débarbouiller et, après, tu reviendras t'habiller et faire ton lit. Dépêche-toi si tu ne veux pas être en retard pour le déjeuner.

– Oui, ma sœur.

Je pris le nécessaire de toilette qui se trouvait sur ma table de nuit, et j'allais partir quand la sœur me rappela.

– Dis-moi, c'est pas toi qui devais venir avec un frère ?

– Si. Il est plus loin, là-bas.

– Alors, emmène-le avec toi, et dis-lui de faire vite, compris ?

– Oui.

Je courus jusqu'au lit de René et lui donnai les explications nécessaires pour que tout se passe bien. La toilette terminée, je retournai à mon lit et le fis le plus rapidement possible après m'être habillé comme la veille au soir. J'entendais quelques rires étouffés qui me faisaient rougir de colère. C'était de moi que les mômes rigolaient. Je ne savais pas faire mon lit aussi bien qu'eux, j'en étais conscient et je m'y prenais très mal. Intérieurement, je les traitais de connards et m'activais au maximum pour finir le plus vite possible. Après cette opération difficile, je me mis debout au pied de mon lit comme tous les autres gosses. Nous sommes restés alignés ainsi, jusqu'à ce qu'une religieuse nous fasse signe de la suivre.

Dans le plus grand silence, en rangs par deux, nous sommes allés au réfectoire où nous attendait le petit déjeuner. Le repas se passa sans le moindre mot. Je n'entendais que le bruit des mastications et des petites cuillères. René n'était pas avec moi et je n'arrivais pas à le voir parmi tout ce monde.

Je venais à peine de mettre un pied dans la cour qu'un groupe de gars m'interpella :

– Hé, toi l'nouveau ! Comment qu'c'est ton nom ?

– Jean Chassang.

– Ha ! ha ! les mecs ! Il s'appelle la Chiasse ! Ha ! ha ! ha !

Je haussai les épaules de dédain, car j'étais habitué à ce surnom et ça ne me dérangeait pas du tout. Je mis mes mains dans mes poches et fis comme si j'étais tout seul. Je m'occupais du bout de mes pieds pour me donner une contenance.

– Hé, la Chiasse ! T'as des vieux ?

– Oui, bien sûr !

– Pourquoi qu'y t'ont largué ?

– Y m'ont pas largué ! J'vais partir en vacances !

– Hé ! T'es pas un peu nanar, des fois ? Qui c'est qui t'a raconté des bobards comme ça ?

– C'est ma mère qui m'l'a dit.

– Et tu l'as crue ?

– Ouais.

– T'es un peu con, mon pote. Tu sais où t'es, ici ?

– Non...

– À l'Assistance publique !

– ... ?

– Tu sais pas c'que ça veut dire ? Ah, les mecs, il faut tout leur apprendre à ces mioches !

Tous les mômes étaient pliés en deux. Ils se tapaient sur les cuisses de joie. Moi, je ne comprenais rien à leur hilarité, et ils commençaient à me taper sur les nerfs.

– Allez, te fâche pas ! me dit l'un d'eux en voyant mon regard noir.

– Tu crois vraiment qu't'es ici pour aller en vacances ? me demanda un autre.

– Ben oui, c'est ma mère qui m'l'a dit.

– Tu sais pourquoi qu'elle t'a dit ça ? Parc'qu'elle voulait pas t'avouer qu'elle en avait marre de toi !

– Tu vas voir, salaud, si ma mère est une menteuse !

Je me suis rué sur cet abruti qui m'avait fait sortir de mes gonds. Les autres me tombèrent dessus pour défendre leur copain, et je dois avouer que j'ai passé un sale quart d'heure entre les pattes de ces langues de vipère.

On vint nous séparer.

– T'es à peine arrivé qu'il faut déjà que tu te fasses remarquer ? me tança une religieuse avec un air sévère.

– C'est pas de ma faute ! C'est eux qui ont commencé ! Ils disent des saloperies sur ma mère !

– T'as qu'à ne pas les écouter. Si je te reprends à te battre, il y aura des sanctions. Tu m'as bien entendue ?

Je lui ai tourné le dos. J'étais fou de rage. René, ameuté par la bagarre, s'approcha de moi.

– T'es louf ! Qu'est-ce qu'y te prend ? me dit-il.

– C'est ces connards, ils m'ont dit que maman nous avait mis ici pour se débarrasser de nous. Ils sont complètement tarés !

– C'est p't'être vrai ! Tu sais y en a qui m'ont dit que quand on venait ici, c'est qu'on n'avait plus d'parents ou presque.

– Mais nous on en a ! C'est pas pareil !

– Tiens, viens voir ce mec-là, c'est lui qui m'l'a dit. Hé, toi ! Dis-lui c'que tu m'as dit tout à l'heure.

– Salut, mon pote ! C'est toi l'frangin à René ? me demanda-t-il.

– Ouais.

– Ben, j'ai dit à René qu'si vous étiez là, c'est qu'vot' mère vous a abandonnés.

– Mais, René, tu y as pas dit qu'maman nous a parlé de vacances ?

– Si...

– Mais elle s'est foutue d'vot'gueule ! Elles sont toutes pareilles, t'en fais pas ! Moi, ma mère, elle a un julot qui peut pas m'voir, alors elle m'a foutu ici pour qu'j'y débarrasse le plancher ! Et la tienne, elle a fait la même chose !

– J'suis sûr qu'c'est pas vrai, insistai-je.

– Écoute, l'Assistance, c'est pour les mioches qu'ont pas d'parents !

– Eh ben, tu vois ! Nous, on en a des parents !

– Oui ! Mais s'ils veulent pas d'toi, eh ben, y peuvent t'abandonner... ici... c'est fait pour ça...

– Vous êtes tous des cons ! Viens, René ! Les écoute pas, y disent ça pour nous emmerder ! C'est parc'qu'ils sont jaloux ! Moi, j'sais qu'c'est pas vrai !

Je ne pouvais pas les croire, j'étais certain que ce n'était pas vrai. Malgré tout, un doute s'était faufilé dans mon esprit. Je me souvenais que papa avait dit que les jumeaux avaient été abandonnés et ma mère avait crié à maintes reprises qu'elle nous plaquerait. Je chassai ces pensées sordides de ma tête avant qu'elles ne s'y installent trop confortablement, je préférai conserver l'espoir de ne pas faire de vieux os dans cet établissement. De vacances, il n'en était plus question, je n'y pensais plus.

J'appris les habitudes de la maison. Nous étions en sécurité, au chaud, avec une nourriture régulière et abondante, et la vie était à peu de chose près semblable à celle que j'avais eue en convalescence. La seule différence était qu'ici les enfants n'avaient jamais de visites. Cela me consolait car j'avais terriblement souffert précédemment de cette solitude qui me distinguait alors des autres gosses.

J'allais à l'école au sein de l'établissement. Nous allions aussi faire des promenades à l'extérieur le jeudi après-midi, pour visiter des musées. Je n'aimais pas du tout ce genre de sortie. Nous étions tous habillés d'une façon identique avec nos galoches, nos capes et nos bérets. Dans la rue, les gens nous regardaient comme des bêtes curieuses, ce qui me mettait mal à l'aise. Nous avions aussi des séances de cinéma, dans une salle située près de la rue. J'aimais bien y aller, car j'en profitais pour regarder dehors si je ne voyais pas ma mère arriver.

Lorsque nous étions en récréation, je jouais rarement avec les autres gars. Je préférais m'asseoir le long des grilles et je restais inlassablement à guetter le porche. Personne ne venait jamais, mais j'espérais tout de même.

Noël nous apporta de nouvelles occupations. Nous avons fait des guirlandes, décoré le sapin qui était immense, puis nous avons eu une distribution de cadeaux. La routine reprit aussitôt après, jusqu'au jour où l'on annonça une visite pour les enfants Chassang.

René et moi sommes partis immédiatement, conduits par une religieuse, dans une grande pièce où l'on nous fit asseoir sur un banc. Notre mère apparut après quelques minutes d'attente. Elle s'avança dans notre direction. Elle était comme d'habitude, le même manteau, le même sac, la même coiffure que lorsqu'elle nous avait amenés. Une autre porte s'ouvrit, laissant passer Michelle qui nous rejoignit sur le banc en courant. Nous ne l'avions pas revue depuis notre arrivée. Comme elle avait changé ! Ses cheveux étaient coupés courts, elle avait grossi, elle portait une blouse identique à la nôtre, mais à carreaux roses et blancs.

Ma mère à son entrée s'était arrêtée de marcher. Moi qui avais tant attendu sa visite, je ne m'occupais plus d'elle, Michelle était devenue mon centre d'intérêt.

– Vous pourriez au moins me dire bonjour ! lança ma mère.

– Bonjour, m'man ! avons-nous répondu en chœur.

Elle nous tendit un paquet de bonbons, et nous nous sommes empressés d'en manger un. Elle nous regardait sans parler, elle avait l'air gauche, et nous ne savions quoi lui dire.

– Vous êtes bien ici ?

– Oui.

– Oui, ça va.

– Bon, il faut qu'je rentre. Ben, au revoir.

– Au revoir, m'man.

Elle repartit ainsi. Nous n'avions pas bougé de notre banc. J'aurais aimé lui demander plein de choses, mais à quoi bon.

– Alors, Michelle, ça va ? ai-je dit.

– Oui... Tu crois qu'on va rester longtemps ici ?

– J'sais pas. Les gars, y disent qu'on partira p't'être en nourrice.

– Comme les jumeaux ?

– Peut-être, tu sais, on nous dit rien !

– Eh ben, moi, les filles elles m'ont dit qu'c'était parc'que maman elle voulait plus de nous qu'on était là.

– Je sais, moi aussi. Mais les écoute pas, c'est parc'que y sont jaloux. T'as bien vu, maman elle nous a pas abandonnés puisqu'elle est venue !

– Ouais ! Mais elle a pas dit qu'elle allait nous emmener ! intervint René.

– Oh ! Ta gueule ! Tu vas pas croire à c'qu'y racontent tous ces connards ! Et d'abord, si elle vient pas nous rechercher, moi j'me tire !

– Et nous alors ? s'offusqua René.

– Ben, t'as qu'à te démerder ! Moi, j'veux savoir pourquoi qu'on est là !

– Et moi alors ! J'veux pas rester toute seule ! Faut pas m'laisser, Jean-Jean !

– Mais laisse tomber ! T'fais pas d'bile ! Tu resteras pas dans cette boîte de cons !

Une religieuse nous interrompit et nous renvoya dans nos secteurs respectifs. La mécanique de mon cerveau s'était mise en marche et je n'eus plus dès lors qu'une idée fixe, partir ! Il fallait que ma mère me dise pourquoi elle ne nous gardait pas avec elle. Je devins dès ce jour beaucoup plus distant avec tout le monde. Je passais mon temps à échafauder un plan d'évasion.

Je le regardais, ce grand porche ouvert, et je savais que je le passerais prochainement, il ne pouvait pas en être autrement.

L'occasion se présenta un jour que nous allions au cinéma. Pour nous rendre dans la salle de projection, nous sortions de notre cour et nous passions devant le porche, car elle était située à l'opposé de notre bâtiment. En sortant de la cour, en rangs par deux, je pris bien soin de me mettre le dernier de la file. Plus nous approchions du porche et plus je ralentissais la marche afin de distancer les gars qui me précédaient. Ce fut un jeu d'enfant que de fausser compagnie à mon groupe. Arrivé au niveau du porche, j'ai pris mes jambes à mon cou, et en route vers la liberté !

J'ai refait en sens inverse le chemin que nous avions emprunté avec notre mère. J'ai couru le long de l'avenue Denfert-Rochereau, jusqu'au métro, sans m'arrêter ni regarder derrière moi. J'ai demandé la direction de Levallois aux gens qui se pressaient dans les couloirs et je n'eus aucun mal à me faufiler sur le quai sans avoir de ticket. Je demandais continuellement mon chemin aux voyageurs qui me renseignaient volontiers.

Arrivé à la Porte Champerret que je connaissais comme ma poche, je me dirigeai, sans hésitation, vers notre logement. Nous étions en plein après-midi et il n'y avait personne à la maison. Je décidai aussitôt d'aller attendre ma mère à la sortie de son travail en prenant bien soin de ne pas me faire voir, et ce sans résultat. Je me suis promené dans les rues, dans l'espoir de la rencontrer en train de faire des commissions, mais là encore, rien.

La nuit tombée, je suis retourné à la maison et, trouvant la porte fermée, je me suis assis devant. J'ai attendu des heures sans résultat, devant la porte close. Je me suis endormi, terrassé par la fatigue et l'énervement.

En me réveillant au petit jour, transi de froid et tiraillé par la faim, je suis reparti dans la rue. L'hiver avait fait place au printemps, mais la fraîcheur matinale subsistait et ma cape ne suffisait pas à me protéger du froid qui me transperçait les os.

Il me fallait aussi être prudent, car ma disparition avait dû être constatée, et je redoutais de croiser un panier à salade. J'ai erré ainsi toute la journée, me cachant dès que j'apercevais un visage connu. J'avais froid, j'avais faim, je voulais voir ma mère, je ne savais plus où j'en étais.

La nuit venue, je suis retourné à la maison. Je me suis blotti contre la porte et me suis endormi, bercé par mes tremblements. Je me réveillais sans cesse et me sentais de plus en plus engourdi. Finalement, j'ai pris la décision de retourner dans la rue. Il fallait que je marche, j'aurais moins froid qu'en restant immobile. Je commençais à me sentir faible sur mes jambes. Vers le milieu de la deuxième journée, je retournai à la maison. J'étais certain que ma mère finirait par rentrer.

Épuisé, à bout de forces, je me suis allongé devant la porte avec la ferme intention de ne plus en bouger jusqu'au retour de ma mère. Je m'assoupissais par moments, j'avais perdu la notion du temps et mes pensées devenaient aussi engourdies que mon corps.

– Hé ! Toi, là-bas ! Qu'est-ce que tu fais là ?

Je suis sorti brusquement de ma torpeur et j'ai vu un type que je ne connaissais pas s'approcher de moi.

– Qu'est-ce que tu fais ici ?

– J'habite là, m'sieur.

– Mais y a personne qui habite ici ! me dit-il éberlué.

– Si ! C'est ma maison ! J'attends ma mère !

– Ta mère n'habite pas là ! Tu dois te tromper ! Depuis que j'habite ici, j'ai jamais vu personne dans ce logement. Comment tu t'appelles ?

– Chassang ! Jean Chassang !

– Oui, ben, c'est pas ici qu't'habites. Les gens qu'étaient là avant s'appelaient Tirache, alors, tu vois ?

– Ben, c'est ça ! Mon père, c'est Tirache !

– Alors tes parents sont partis. T'habites pas avec eux ?

– Non... J'venais les voir... Ça fait rien. Merci, m'sieur.

Je me suis levé, rassemblant toute mon énergie, tandis que le type s'éloignait. Je ne savais plus ce que je devais faire, ni où je pouvais aller. Mes jambes me supportaient difficilement et je ne me sentais pas capable d'aller bien loin. Arrivé dans la rue, j'entrai dans le bistrot de madame Benoure pour lui demander l'adresse de ma mère. Elle m'a vu immédiatement.

– Jean-Jean ! Mais qu'est-c'que tu fais là ? T'en as une tête ! Ça n'a pas l'air d'aller, mon petit ?

Je me suis avancé, les jambes flageolantes, jusqu'au comptoir et m'y suis agrippé tant je me sentais faible.

– Tiens, bois un coup, ça va t'remonter ! me dit-elle en me tendant un demi de bière.

J'en ai bu quelques gorgées, puis ma tête s'est mise à tourner et je me suis évanoui.

Quand j'ai repris mes esprits, j'étais assis dans la cuisine. Madame Benoure était affolée. Elle me tapotait les joues et les mains en m'appelant son petit Jean-Jean. Lorsqu'elle a vu mes yeux grands ouverts, elle m'a fait boire un bol de lait chaud.

– Tu t'es sauvé de l'Assistance ?

– Oui.

– Y a longtemps ?

– Ça fait deux jours.

– J'suis sûre qu't'as rien dans l'ventre ? Si tu voyais ta tête !

– J'ai faim... Maman elle est pas là...

– Ta mère... Ha, celle-là ! Elle a déménagé après qu'elle vous a abandonnés. Elle est partie avec son Arabe ! J'vais te donner à manger, mon petit gars.

– Dis, alors c'est vrai qu'elle nous a abandonnés ?

– Oui... D'ailleurs, pour ce qu'elle s'occupait de vous ! J'suis sûre que t'es mieux où qu't'es, au moins, t'as à manger tous les jours, ça compte, tu sais ! Si tu voyais ta tête ! Ha ! y a pas d'bon Dieu !

– Tu sais où elle habite maintenant ?

– Non ! Mais tu ferais mieux de retourner d'où tu viens, c'est encore là que tu es le mieux soigné.

– Elle est toujours à Levallois ?

– Oui. J'la vois des fois au marché. Parc'que depuis qu'vous êtes plus là, elle a pas perdu l'appétit ! Si elle pouvait pas acheter à bouffer avant, j'te prie de croire que maintenant, elle s'rattrape ! Enfin, tu fais comme tu préfères, mais j'sais pas où elle reste.

Après avoir avalé un bon repas, je suis reparti et me suis directement rendu au commissariat de police. Si ma mère ne voulait pas me reprendre, tant pis, mais il fallait que je la voie et qu'elle me le dise elle-même. Ne connaissant pas son adresse, il n'y avait que les flics pour me renseigner.

Au poste de police, j'ai demandé après ma mère. Après avoir donné des explications franches sur ma présence à Levallois, les agents décidèrent d'aller me la chercher. Ils me connaissaient, ainsi que ma famille, ce qui les poussa certainement à satisfaire mon désir.

Quand ma mère est arrivée, elle m'a dévisagé avec un regard lourd de reproches. Elle soufflait en ballottant sa tête de droite à gauche. Elle n'avait pas l'air contente de me voir.

– Qu'est-c'que tu fais là ? Tu vas pas commencer à m'emmerder ? J'étais trop tranquille, ça pouvait pas durer ! Qu'est-c'que tu veux ?

– J'voulais te voir... J'voudrais revenir... à la maison.

– Certainement pas ! Tu voulais me voir, tu m'as vue ! T'as qu'à retourner à Denfert maintenant !

– Mais pourquoi qu'on reste là-bas ?

– J'pourrais jamais m'en sortir avec des têtes de pioche comme vous ! Fiche le camp ! T'es bien un emmerdeur comme ton père !

– M'man...

Je m'étais accroché à son bras. Je me retenais de pleurer, sachant qu'elle avait horreur de ça, mais ma gorge était nouée et je ne pouvais plus articuler un mot.

– Allez ! Lâche-moi ! Et t'as pas intérêt à revenir me casser les pieds !

Folle de colère, elle arracha mon bras de ses vêtements, puis elle se tourna vers les flics.

– Ramenez-le à Denfert-Rochereau. Moi, j'en veux pas. Et n'ayez pas peur de l'engueuler, il serait capable de revenir.

– M'man...

– La ferme ! Tu vas m'faire chier encore longtemps ? J'te ferai enfermer s'il le faut, mais tu me foutras la paix ! Au revoir, messieurs !

Elle était partie. C'était donc vrai qu'elle ne voulait plus de nous. Mais pourquoi ? Pourquoi ?

Un flic me fit signe de m'asseoir sur le banc et je lui obéis sans discuter. J'avais ôté mon béret et le faisais tourner dans mes mains crispées. Ce béret était le signe distinctif de tous les gosses de l'Assistance publique. Je le regardais fixement, le triturais, j'aurais voulu le mettre en pièces. Si seulement mon père avait été là, il n'aurait pas laissé ma mère nous abandonner. On serait tous à la maison aujourd'hui. Ce n'était pas tous les jours amusant mais nous n'étions pas si mal. Maintenant, qu'allais-je faire ? Retourner d'où je venais ? J'étais bien, mais j'étais enfermé. Quand j'étais derrière les grilles de la cour, je me sentais comme en prison et je n'arrivais pas à le supporter. Et les gars de là-bas, ils avaient raison de m'avoir pris pour un con.

Une voiture me ramena à mon point de départ. On me fit un sermon dès mon arrivée, mais je n'entendais rien. Je ne pensais qu'à ma mère et à ce qu'elle m'avait dit, cela seul comptait.

Je n'étais pas un enfant gai de nature, mais mon caractère devint dès ce jour encore plus taciturne. J'évitais soigneusement toute discussion avec les gars, et René ne reçut que quelques explications vagues sur ma fugue.

Peu de temps après cet épisode désastreux, un soir après dîner, une religieuse m'informa que j'étais transféré dans un centre d'accueil. Je suis allé préparer mon baluchon dans le dortoir, puis je suis parti en voiture dans Paris. Le trajet fut court et se termina au foyer des Marmousets, cité des Fleurs, dans le 17e arrondissement.

Une femme de haute stature à l'air revêche m'accueillit. L'endroit était bien différent de Denfert. Le bâtiment était un hôtel particulier situé dans un passage, et il comportait plusieurs étages. Il y avait une petite cour qui séparait la maison de la rue. La directrice, après avoir pris mon paquetage, me fit conduire au troisième étage dans une chambre où il y avait une douzaine de garçons. Tout le monde dormait et, sans poser de questions, je me suis déshabillé et couché.

René n'était pas venu avec moi et je me demandais pourquoi l'on m'avait amené dans cet endroit. C'était peut-être le résultat de ma fugue.

Au rez-de-chaussée se tenait l'office, au premier étage une salle de jeux qui servait aussi pour les études, ainsi que la salle à manger et le bureau de la directrice. Les chambres des filles étaient au deuxième étage, et celles des garçons au troisième, avec la lingerie. La discipline régnait sous la coupe de la directrice, qui ne badinait pas avec le règlement.

Nous allions à l'école, qui était située dans l'impasse à quelques dizaines de mètres du foyer, en marchant au pas, en rangs par deux. Le bruit des galoches martelant la chaussée reste gravé dans ma tête, ainsi que les corrections distribuées par la directrice. La moindre entrave au règlement donnait droit à une flagellation sous la douche, avec une serviette de toilette torsadée. La directrice officiait elle-même pour assouvir ses instincts malveillants. Bien que peu avenante à notre égard, nous devions l'appeler « Tatie », surnom qui, à mon sens, comporte une certaine dose de tendresse, ce qui n'était pas son fort.

Après un séjour de quelques semaines dans ce foyer, entrecoupé de voyages à Denfert pour différentes visites médicales, je rejoignis René pour un départ en nourrice. Je n'avais plus eu de nouvelles de ma mère. Quant à Michelle, nous ne l'avions pas revue.

Nous avons été emmenés en fourgon à Balattre, dans la Somme, où une nourrice nous prit en charge, et quand je dis charge, c'est une façon de parler. Cette mégère, qui nous menait à la baguette, gardait une petite fille aveugle d'environ un an, placée comme nous par l'Assistance publique. La nourrice la détestait autant que nous. Les repas étaient de véritables supplices pour la gamine, qui devait avaler en un temps record des bouillies brûlantes, ce qui la faisait hurler. La nourrice, ne supportant pas ses cris, lui engouffrait un gant de toilette mouillé dans la bouche pour ne plus l'entendre crier. Mon estomac se nouait à chaque fois devant les souffrances de ce petit être sans défense et, sous la menace de la mégère en furie, j'avalais à contrecœur la nourriture.

Notre séjour fut de courte durée, car René tout comme moi, nous faisions montre d'une agressivité sans appel à l'égard de ce monstre.

Une assistante sociale vint donc nous chercher et nous emmena dans un orphelinat à Roye, toujours dans la Somme, en attendant de nous trouver une autre nourrice.

L'Assistance publique, afin d'avoir moins de problèmes, nos caractères étant réputés, nous sépara. C'est ainsi que mon « destin » me conduisit chez une nouvelle nourrice dans les alentours de Montdidier. Quel coup en voyant la tête de ma nouvelle « bienfaitrice » ! Une gueule de rat en partie cachée par des lunettes épaisses, et qui n'avait pas l'air plus affable que la précédente. La maison était sombre comme un tombeau, les maîtres de maison sordides comme des macchabées.

L'existence y fut aussi noire que l'avait présagé mon impression première.

J'avais tout juste onze ans et comme j'étais de bonne taille, les travaux de la ferme me furent attribués dès mon arrivée. Je travaillais sans relâche entre le jardin et les cochons à soigner. Je n'avais pas le droit d'aller à l'école et je le regrettais, car elle était en face de la maison, et j'enviais les jeux et les rires des enfants de mon âge. De temps en temps, je m'échappais quelques minutes et en profitais pour aller détruire les œufs de la ferme voisine. Je me vengeais à ma manière. Le travail le plus pénible était de préparer le repas des cochons. Un grand chaudron trônait en permanence dans la cour devant la porcherie, et je le chargeais chaque jour de son et de patates que je faisais cuire. Je remplissais le chaudron à l'aide d'une pelle qui, à force de frottements, me fit un durillon à la main.

Je continuai malgré cela mon travail. Ma main fut peu à peu envahie par le pus. Je ne recevais aucun soin et, pourtant, cette inflammation ne passait pas inaperçue. On dut me transporter à l'hôpital de Montdidier pour me faire subir une intervention chirurgicale. Je fus endormi au masque et je me suis réveillé assez vite avec un énorme pansement. Je suis rentré aussitôt après à la ferme. Le médecin du village me donna les soins nécessaires pour ma guérison. Comme je ne pouvais plus travailler, la nourrice demanda à ce que je sois remplacé.

Une assistante sociale vint me chercher à nouveau et m'emmena à l'hospice de vieux d'Abbeville en attendant de me trouver de nouveaux parents nourriciers.

Je me suis retrouvé enfermé dans une grande pièce avec tout un groupe d'enfants qui attendaient comme moi d'être placés. Nous ne sortions jamais de notre chambre, sauf pour aller manger dans la pièce voisine. Après le repas, nous regagnions notre chambre. Le temps paraissait bien long dans cette pièce pour un gosse de mon âge. J'avais besoin d'air, de liberté, mais hélas ! j'étais encore enfermé.

Un jour, René me rejoignit. Lui aussi n'avait plus de nourrice. Nous sommes restés un bon moment avant que, enfin, une nourrice accepte de nous prendre tous les deux.

Cette fois, nous avons atterri à Forest-l'Abbaye. C'était le printemps. J'allais sur mes douze ans. Ce petit village accueillant et fleuri me donna une note d'espoir. La maisonnette où nous sommes entrés était gaie, contrairement à celle que j'avais habitée précédemment. Une femme d'une cinquantaine d'années, assez forte, nous accueillit. Elle n'était pas contente de nous voir si grands car elle avait réclamé des enfants plus jeunes. Elle nous accepta tout de même.

La maison était agréable. Elle comportait trois pièces sur la longueur du bâtiment, la cuisine, la chambre des parents nourriciers, puis notre chambre qui avait été celle de leurs deux fils avant qu'ils ne se marient.

C'était un couple de braves gens. Lui, Henry, travaillait à l'usine. Elle, Tasie, restait à la maison et s'occupait de nous. Nous les appelions Pépère et Mémère. La vie chez eux nous apporta un certain réconfort. La chère y était copieuse et bonne, et nous étions traités comme les enfants de la maison.

Ils nous envoyèrent à l'école et c'est là que ça a commencé à se gâter. L'instituteur, monsieur Caron, dirigeait la petite école de campagne avec ordre et fermeté. Il nous fit bon accueil, mais les enfants virent d'un mauvais œil notre intrusion dans leur classe. René et moi étions des ânes, c'est vrai, mais comment aurait-il pu en être autrement ? Monsieur Caron perdit vite patience avec nous et nous relégua au fond de la classe.

Il fallait aussi venir en chaussons à l'école pour ne pas salir le parquet ciré de la classe. Comme nous n'avions pas de chaussons dans notre trousseau, nous y allions en chaussures, ce qui nous valait, à René et à moi, d'être punis. La punition était, bien sûr, de cirer le parquet le jeudi. À cette punition, d'autres s'ajoutèrent prétendument afin de mater nos caractères indisciplinés. C'est ainsi que nous faisions la corvée de chaudière chaque jour. Puis nous avons eu droit à la corvée de nettoyage des waters.

Toutes ces punitions faisaient la joie des autres gosses qui nous traitaient de « pupilles ». Je me battais souvent pour leur faire ravaler cette insulte, mais cela ne servait pas à grand-chose. Moi qui avais regretté à différentes reprises de ne pas aller à l'école, je regrettais maintenant d'y être tenu.

Une profonde amitié est née rapidement entre Pépère et moi. Il m'initia peu à peu à la vie de la campagne. J'appris à soigner les poules et les lapins et à m'occuper du jardin. Je voulais absolument que leur jardin soit le plus beau, et je m'appliquais même pour le simple binage d'une allée. Tout y était propre et rectiligne. Le jardin était devenu ma fierté et j'effectuais régulièrement des tours d'inspection afin de ne laisser aucune mauvaise herbe envahir « mon jardin ». René ne s'intéressait pas à ces tâches journalières et aidait très peu.

J'étais si heureux d'habiter sous le toit de ce brave homme qui avait tant de choses à m'apprendre et tant d'amitié à m'offrir. Il sentait que j'avais besoin de sa présence et de l'intérêt qu'il me portait. Pour me récompenser de mon travail, il me promit de m'apprendre à fabriquer des cartouches. Il les préparait chaque année en prévision de la chasse. Le soir après dîner, il envoyait sa femme et René au lit, et nous restions tous deux. Nous avons passé des soirées merveilleuses à doser la poudre avec patience et minutie. C'était un travail passionnant. Nous restions très tard le soir ainsi à travailler en silence.

L'ouverture de la chasse approchait et Pépère décida qu'il me fallait un vélo, pour m'emmener avec lui le dimanche. Il m'en fit un, avec des pièces qu'il trouva à la décharge municipale, et mon vieux clou prit, peu à peu, l'allure d'un vélo. Ce n'était pas un chef-d'œuvre, il n'y avait pas de lumières, pas de freins, certaines pièces tenaient à l'aide de rafistolages, mais il roulait et avait été fait avec amour. Cela seul comptait pour moi. Quand le jour arriva, nous sommes partis de bon matin un dimanche jusqu'au Crotoy. Je pédalais de toutes mes forces pour suivre la Mobylette à Pépère. La distance était grande, nous habitions à environ vingt-cinq kilomètres du lieu de chasse, mais je l'aurais suivi jusqu'au bout du monde s'il me l'avait demandé.

J'étais son porte-carnier, ce qui était pour moi une marque de grande estime de sa part. Nous avions notre casse-croûte préparé par Tasie, car nous restions toute la journée. Je rentrais le soir épuisé, mais tellement heureux.

Nous allions aussi parfois chasser la semaine. À la tombée de la nuit, nous nous postions à l'orée d'un petit bois et nous guettions les pigeons. Ils s'envolaient chaque soir des champs pour venir passer la nuit dans les arbres de la forêt. Pépère ne rentrait jamais sans en avoir touché au moins un. Les chiens faisaient leur travail et c'était moi qui ramenais le gibier à la maison, d'un air triomphal.

Pépère m'emmenait aussi dans la forêt abattre les arbres qui nous serviraient pour nous chauffer pendant l'hiver. Nous allions ensemble repérer avec le garde forestier ceux qui nous étaient destinés. Nous passions des heures à les scier avec un passant. Lorsque l'arbre s'était écroulé, je traînais les troncs pour les aligner. J'avais une force extraordinaire pour mon âge et Pépère en était fier. L'ouvrage terminé, il fallait débiter les troncs en bûches pour faciliter le transport et lorsque cette opération était finie, nous venions avec un tombereau chercher nos stères et les amenions dans notre jardin. Ce travail s'effectuait en plusieurs fois et sur plusieurs semaines car nous ne pouvions y aller que le soir et le week-end.

Chaque jour, en rentrant de l'école, j'allais débiter le bois en petites bûches. Je le sciais et le fendais, afin qu'il soit prêt pour alimenter la cuisinière. Ce travail était très dur, mais je le faisais avec amour et me sentais heureux devant la montagne de bois prêt à l'emploi.

J'étais devenu très costaud. Je mangeais comme un ogre. Si j'avais beaucoup d'activités en dehors de l'école, j'avais aussi des heures de liberté, et celles-ci étaient bien remplies. J'avais retrouvé ma joie de vivre d'antan et mes récréations ne manquaient pas de piquant.

Nous avions un grand pommier dans le jardin et j'adorais y grimper et en redescendre en sautant de branche en branche. Tasie hurlait de peur, et plus elle criait, plus je riais. Pépère me grondait le soir, mais devant mon sourire, il fondait et finissait ses reproches avec un ton peu convaincant sur mon intrépidité.

Près du village, il y avait un immense trou de mine, « La Fosse gauloise », vestige de la guerre, qui servait de terrain de cyclo-cross aux gamins. Avec ma bicyclette, je ne ratais pas une occasion de m'y rendre. C'était une expérience extraordinaire. Le jeu consistait à se laisser glisser sur le vélo jusqu'au fond du trou et essayer d'en ressortir par le versant opposé. C'était très périlleux, car les pentes étaient abruptes, et le passage entouré de troncs d'arbre sur lesquels nous risquions à chaque instant de percuter. Les trépidations de mon vélo me grisaient et j'adorais le risque. Le danger passait au second plan. Pépère finit par apprendre mon amusement et se fâcha sérieusement devant mon inconscience. Je ne lui en voulus pas car je l'aimais suffisamment pour tout accepter de lui.

J'avais trouvé un bon copain. Gaëtan était le fils des voisins et nous nous entendions à merveille. Nous avons fait des tours pendables tous les deux. Tous les gens dans le village furent punis par nous. Tantôt on coupait le cou d'un canard chez l'un, tantôt nous sectionnions les couilles d'un lapin chez l'autre. Les sanctions pleuvaient sur le village. Nous ne nous faisions jamais prendre et les gens s'imaginaient qu'ils étaient l'objet de vengeance de la part de leurs voisins, ce qui provoquait des bagarres entre eux pour notre plus grand plaisir.

J'avais une distraction solitaire qui était la plus fabuleuse que j'aie inventée. Je commençais tout d'abord par me choisir un arbre, et je prenais un soin immense pour faire mon choix. Puis je grimpais à cet arbre et j'allais m'installer sur une branche assez haut perchée. Le jeu était de faire caca en plusieurs fois, en visant juste, pour que chaque petite crotte tombe sur la précédente. C'était passionnant. Il me fallait une adresse inouïe pour réussir.

Depuis que je voyais Pépère faire de la Mobylette, je crevais d'envie d'en faire autant. Malheureusement, il ne me la prêtait jamais. J'attendis très longtemps, mais sans résultat. N'y tenant plus, je pris la décision de la lui emprunter, sans lui en parler. Une nuit, alors que tout le monde dormait, je me suis levé vers deux heures du matin. J'ai escaladé la fenêtre de ma chambre qui donnait derrière la maison et je suis allé chercher l'objet de ma convoitise. Je l'ai poussée jusqu'au fond du jardin qui donnait sur une petite route, et je l'ai mise en route. J'ai parcouru cette petite route à plusieurs reprises, la Mobylette poussée à fond, les cheveux au vent. J'allais, je revenais, j'ai passé plus d'une heure sur la machine à me griser de vitesse. Ma promenade terminée, j'ai remis la Mobylette soigneusement à sa place et je suis revenu me coucher. Ni vu ni connu, personne n'en a jamais rien su. J'ai recommencé plusieurs fois ma balade nocturne, sans me faire prendre.

Un jour, je me suis blessé en marchant sur un clou dans la cour. Mon pied me fit de plus en plus mal et la plaie s'infecta. Je n'ai rien dit, je ne sais pas pourquoi, et petit à petit, la chair autour de la plaie se mit à pourrir. Je ne pouvais plus retirer ma chaussette qui était collée à ma peau. Je boitais, et Tasie s'en aperçut, mais chaque fois qu'elle m'en parlait, je trouvais un vague prétexte pour me tirer d'affaire. Un jour pourtant, en entrant dans notre chambre, elle s'exclama :

– Mais ça sent le mort ici ! Quelle est cette odeur infecte ?

– C'est Jean-Jean qui pue ! Il a mal à son pied ! s'empressa de répondre René, toujours aussi rapporteur.

Tasie fit venir le médecin et il me soigna pendant plusieurs semaines, car mon pied avait commencé à être atteint par la gangrène.

Un matin à l'école, j'eus la surprise de voir arriver Michelle. Comme elle avait changé ! Trois années s'étaient écoulées depuis notre dernière rencontre, le jour de la visite de notre mère à Denfert. Michelle venait d'être placée en nourrice chez la fille du maire, madame Hochedé. Cette femme avait deux filles à elle, et deux autres enfants de l'Assistance en plus de ma sœur. Elle n'était pas aussi bien placée que nous, car elle servait de domestique dans la maisonnée. Monsieur Caron, dès le premier jour, lui fit quitter la classe vers onze heures, afin qu'elle aille préparer le déjeuner de sa famille nourricière, et cette opération se renouvela chaque jour. Elle n'était pas battue, car elle ne se laissait pas faire, mais se dépensait beaucoup dans les travaux du ménage.

Son existence n'était pas aussi agréable que la nôtre, mais je ne pouvais rien faire devant toutes ces injustices. En dehors de l'école, nous ne nous rencontrions jamais. Elle avait l'interdiction formelle de venir nous voir. Chacune de mes tentatives pour aller chez les Hochedé resta vaine.

Je parlais à Pépère des problèmes de Michelle, mais il me disait chaque fois qu'il était impuissant et qu'il ne pouvait pas intervenir en sa faveur. Il m'emmenait dans son atelier et, pendant qu'il bricolait patiemment, il m'expliquait la méchanceté des gens en général. Il me parlait de la vie, me disait que je ne pourrais compter que sur moi-même pour me faire une place au soleil. Il me garantissait de son amitié, mais précisait que sa protection ne serait pas à vie. Je serais resté des heures à l'écouter. Il n'y avait jamais d'agressivité dans ses propos, et je le sentais malheureux de devoir me mettre en garde contre la société.

Pépère me donnait parfois de l'argent en récompense de mon aide. J'avais alors l'autorisation d'aller au cinéma à Abbeville. J'enfourchais mon clou après avoir mis mon costume de sortie et j'allais en ville passer l'après-midi.

Un jour qu'il y avait la fête foraine, je m'y suis aventuré à la sortie du cinéma. Pris par le tourbillon des attractions, j'ai complètement oublié l'heure. Au lieu de rentrer pour le dîner, je suis revenu à la maison vers onze heures du soir. Tasie m'attendait et m'a mis une bonne trempe à mon arrivée.

Plusieurs mois s'étaient passés, sans qu'aucune ombre soit venue obscurcir mon existence. J'étais heureux, j'avais complètement oublié mes parents et ma vie passée. Rien ne comptait plus pour moi que mes parents nourriciers. Et pourtant...

Un matin, alors que j'aidais Tasie à faire les chambres, elle me bouscula en s'amusant et me fit tomber sur son lit. Je riais de bon cœur et fus tout surpris de la voir venir se coucher sur moi. Je continuais de rire car je croyais qu'elle s'amusait. J'étais allongé sur le dos, en travers de son lit. Elle restait à plat ventre sur moi et je sentis bientôt sa main me toucher le sexe. Elle continuait de rire, mais je ne pouvais plus en faire autant. J'avais très peur tout à coup. Mon cœur s'était mis à battre violemment et j'essayais de me glisser pour m'échapper, mais son corps pesant me tenait prisonnier.

– Qu'est-ce que tu fais, Mémère ? lui demandai-je, la voix à peine audible.

– Bouge pas ! Je te fais du bien, hein ? Laisse-toi faire ! me disait-elle doucement.

Elle enleva mon pantalon et se mit à m'embrasser le ventre, puis le sexe, qu'elle finit par mettre dans sa bouche. J'étais très impressionné et sentais des choses étranges se passer en moi. J'étais terrorisé et, cependant, je me sentais bien et n'avais plus tellement envie de partir. Son corps lourd revint s'abattre sur moi et elle fit pénétrer mon sexe dans son corps. Je commençais à comprendre que nous faisions comme mes parents et la peur me reprit de plus belle. René frappa à la fenêtre de la chambre et se mit à crier :

– Mémère ! Mémère ! Qu'est-ce que tu fais à Jean-Jean !

– Fiche le camp ! Petit saligaud ! Sinon t'auras affaire à moi ! Allez ! Fiche le camp !

Je vis René s'en retourner avec hésitation et aussitôt l'assaut de Tasie reprit. Au bout d'un moment, elle s'écarta de moi et se releva.

– J'te préviens, t'as pas intérêt à en parler à Pépère, sinon il te mettra un coup de fusil ! Tu pourras prévenir ton frère ! T'as bien compris ?

– Oui, Mémère, j'lui dirai rien, j'te l'jure.

J'étais anéanti, je savais que je venais de faire quelque chose de très mal, et je pensais à Pépère qui allait me tuer s'il l'apprenait. Quand il rentra à la maison le soir, je pris bien soin de ne pas être là et ne rentrai que pour dîner. Je n'avais pas faim et n'osais le regarder en face. Il fut inquiet de mon attitude.

– Qu'est-ce qu'il a ce gosse, il est peut-être malade ? demanda-t-il à sa femme.

– Mais non ! Tu t'inquiètes pour des riens ! Ça ira mieux demain, t'en fais pas !

– Ça va pas, mon petit ? Tu es malade ?

– Non, je suis un peu fatigué, c'est tout.

– Tu vois, j'te l'disais. Tu te fais de la bile pour rien. Jean ! Va au lit ! Et repose-toi bien ! me conseilla-t-elle.

Elle voulait que je me repose. Je ne le pouvais pas. Je pensais à mon Pépère, à ses yeux inquiets, à sa colère s'il l'apprenait, je ne pouvais pas dormir. Ma nuit fut très agitée.

– Jean-Jean ! Viens ! Pépère est parti.

C'était Tasie qui était auprès de mon lit. Elle me secouait pour me réveiller.

– Viens ! Pépère est parti travailler. T'as qu'à venir dans mon lit ! chuchotait-elle à mon oreille.

– Non ! J'veux pas ! C'est pas bien !

– Tu vas venir, sinon je lui dis tout ce soir !

– Non ! Faut pas lui dire !

– Alors, t'as qu'à venir.

Je me suis levé et suis allé la rejoindre dans son lit. Elle venait me chercher ainsi presque tous les jours. Lorsque je partais à l'école, je n'avais plus de jambes. Monsieur Caron me faisait remarquer que j'avais mauvaise mine et me demandait souvent si je n'étais pas malade.

Moralement, j'étais malade. La honte que j'éprouvais devant Pépère me minait et la crainte du fusil m'obligeait à me taire.

Les assauts du matin ne suffirent bientôt plus à Tasie. Elle me prenait aussi dans la journée, quand l'occasion se présentait à elle. Je la subissais sur une chaise dans la cuisine, ou dans le grenier. D'autres fois, ça se passait dehors, quand nous allions ramasser des fagots dans la forêt, ou bien entre deux rangs de betteraves, ou encore en allant cueillir des fougères. Toutes les occasions étaient bonnes pour elle. Nous avions des rapports sexuels deux ou trois fois par jour. Même si j'allais sur mes treize ans et que j'étais d'une grande robustesse, ces activités m'épuisaient.

Je commençais à devenir vicieux et il m'arrivait de me glisser sous la haie de notre jardin pour regarder sous les jupes de la voisine quand elle jardinait. Tasie devenait jalouse et elle avait des crises terribles. Pour se faire pardonner, elle m'emmenait au cinéma du village. Les projections se faisaient avec les moyens du bord, on utilisait un vieil appareil, et la salle était meublée avec des bancs. Pendant la projection, elle m'embrassait. Sur le chemin du retour, elle me tenait par la taille et nous rentrions à la maison comme des amoureux.

Pépère et René n'allaient jamais au cinéma. Cette sortie nous était réservée. J'avais très peur d'être vu avec elle et j'avais honte de cette situation grotesque, car elle aurait pu être ma grand-mère.

J'étais devenu un homme avec toutes les envies que cet état comportait. Je commençais à mater sérieusement les filles et passais désormais le plus clair de mon temps à leur tourner autour. Gaëtan m'accompagnait souvent dans mes sorties, et notre lieu de prédilection était le Relais fleuri, la petite guinguette du village. Au début, je n'y allais pas pour danser, mais plutôt pour surprendre les filles qui allaient pisser derrière les arbres.

Pépère me donna l'autorisation d'y aller danser, malgré la réprobation de Tasie qui crevait de jalousie à l'idée que je puisse tenir une fille dans mes bras. Je me suis habillé avec mon beau costume, trop grand pour moi, mais que je trouvais splendide. Je pris soin de ma toilette, ajustai ma cravate, me barbouillai les cheveux avec de la gomina et partis draguer au bal.

Je suis allé très vite en besogne, et la première fille qui dansa avec moi fut la bonne. Elle s'appelait Renée, et, bien que très jeune, avait déjà un enfant. Sa réputation n'était plus à faire, c'est pourquoi je l'avais choisie elle, plutôt qu'une autre. Dès la première danse, nous avons commencé à nous bécoter. Ça me faisait sérieusement de l'effet et je n'ai pas tardé à l'entraîner en dehors du bal pour lui faire sa fête. Au détour du premier buisson qui se présenta, je suis tombé nez à nez sur Tasie. Elle m'épiait depuis mon arrivée. Sa colère fut foudroyante. Renée se sauva immédiatement et je suis resté entre les mains de ma tigresse qui me roua de coups.

Je suis rentré tout penaud à la maison. Ma soirée était gâchée et pourtant elle avait si bien commencé. Elle avait surtout été pleine d'espoir pour moi, car je commençais à en avoir assez de sauter la vieille et j'avais très envie d'avoir une fille jeune dans mes bras.

Le lendemain matin, un dimanche, m'exempta de mes devoirs d'amant, ce qui fut un grand soulagement pour moi.

Pépère était toujours égal à lui-même et ne se doutait pas de ce qui se passait sous son toit. Je l'aimais tellement que je souffrais de son ignorance et de son calme. Je travaillais toujours avec lui, m'appliquant chaque jour un peu plus, pour me faire pardonner la faute que me faisait commettre sa femme.

Tasie, de son côté, m'offrait des cigarettes et me donnait parfois quelques pièces. Elle essayait de me faire oublier sa jalousie maladive qui la poussait à me surveiller constamment.

Je suis tout de même retourné au bal, bien que cela ait déclenché de violentes disputes entre mes parents nourriciers. Tasie me gifla devant Pépère, un soir qu'elle ne réussit pas à se contrôler. Pépère se fâcha et lui rendit la gifle qu'elle venait de me donner. Le pauvre homme n'avait rien compris à la colère de sa femme et lui, qui était toujours si posé, fit montre d'une grande violence pour me défendre.

Il faut dire que sa tendresse pour moi était sans limites. Il m'avait emmené à son travail et présenté comme son fils à ses collègues. Si je lui disais que l'on m'avait traité de pupille il enfourchait sa Mobylette et allait aussitôt demander des comptes au grossier personnage qui avait osé m'insulter. Il alla jusqu'à se fâcher avec un de ses fils qui les invita à déjeuner à condition que leurs « bâtards » ne viennent pas avec eux. Pépère le chassa après une discussion orageuse. Il avait beaucoup de peine et me fit des excuses pour le comportement de son fils.

– Il ne faut pas faire attention, mon p'tit Jean, il est jaloux parc'que je t'aime comme un fils. C'est un brave garçon, mais il ne comprend pas que nous soyons amis. Pour lui, tu n'es rien, mais pour moi, tu es tout ce que j'ai de plus cher au monde. Si l'on te fait du mal, c'est moi que l'on blesse. Viens, on va faire un tour dans les bois pour oublier toutes tes misères.

Ce brave homme m'aimait comme on ne m'avait jamais aimé. Il était le seul jusqu'à présent à m'avoir porté autant d'intérêt, à m'avoir fait connaître les choses simples de la vie, à m'avoir appris à me rendre utile et surtout à m'avoir considéré comme un enfant normal et non comme un pouilleux. C'était lui qui s'excusait, et c'était moi qui avais une faute à me faire pardonner. J'aurais aimé tout lui avouer, mais je l'aimais trop pour lui faire du mal. Il fallait qu'il continue à ignorer les frasques de sa femme et mon ignominieuse conduite.

Un jour que je travaillais dans les champs avec Tasie à ramasser des betteraves, Pépère arriva comme une furie. Il laissa choir sa Mobylette sur le bord de la route et se précipita sur Tasie, qui se trouvait à quelques mètres de moi. Il marchait d'un pas décidé et paraissait furibond. Je commençais à trembler, bien qu'il ne se dirigeât pas sur moi. Il empoigna sa femme par le bras.

– Sale putain ! Je sais ce que tu fais quand tu viens travailler dans les champs ! Je sais que tu m'as trompé tout à l'heure, avoue ! Avoue !

– Mais, Henri, qu'est-ce qu'il te prend ! Tu ne vas pas écouter les ragots !

– Ah, tu vas voir, si je n'écoute pas les ragots ! Enlève ta culotte !

– T'es fou !

– Enlève ta culotte et baisse-toi ! Enlève ta culotte ! hurla-t-il en la giflant.

Tasie se baissa après s'être déculottée. Pépère lui retroussa la jupe devant tous les paysans qui s'étaient arrêtés de travailler et se rapprochaient lentement du couple. Quand Tasie eut les fesses à l'air, il lui mit deux doigts dans le vagin qu'il retira aussitôt.

– Et ça ! Qu'est-ce que c'est ! C'est pas du lait, c'est du sperme, ordure !

Il lui flanqua une fessée magistrale devant l'assemblée qui avait une forte envie de rire, mais se retenait pour ne pas aggraver la situation.

J'avais eu très peur, mais comme je n'avais rien fait cet après-midi-là et que je me souvenais avoir constaté l'absence de Tasie pendant un long moment, je compris soudain que je n'étais pas le seul à avoir droit à ses faveurs.

Le soir même, l'atmosphère fut tendue à la maison, mais Pépère ne fit pas allusion aux événements de la journée. Devant l'infidélité maladive de Tasie, je n'eus plus aucun scrupule à draguer les filles. Le peu d'argent que Tasie me donnait me servait à acheter de la gomina, chez le petit grand-père qui coupait les cheveux à tout le village. Ce n'était pas un coiffeur, mais il en avait les outils qu'il rangeait soigneusement dans une boîte à sucre. Il vendait aussi quelques produits de beauté.

Je me croyais irrésistible avec mon paquet de colle sur les cheveux et les airs de séducteur que je prenais me donnaient tous les culots. Lorsque Tasie me surprenait en flagrant délit, je me sauvais et ne rentrais à la maison que lorsque Pépère était là. Ainsi, je passais à travers la correction qu'elle m'aurait donnée. Le lendemain matin, je me soumettais à ses caprices et elle oubliait mon égarement de la veille.

Pour le 11 novembre, monsieur Caron avait organisé un défilé auquel tous les enfants de la commune devaient participer. Je n'étais pas très emballé par cette perspective et, avec Gaëtan et René, nous avons décidé de ne pas nous y rendre.

Le matin de bonne heure, nous nous sommes habillés comme pour un jour de semaine. Nous avons mis notre blouse grise ainsi que nos bottes en caoutchouc et nous nous sommes sauvés par la fenêtre de notre chambre. Après avoir retrouvé Gaëtan au rendez-vous que nous nous étions fixé, nous sommes partis à la chasse aux escargots. Le temps, qui était maussade à notre départ, se gâta rapidement et la pluie se mit à tomber. Nous n'avions pas prévu cela, cependant même le déluge ne nous aurait pas fait rentrer à la maison.

Nous nous sommes munis de grands bâtons qui devaient nous servir à écarter les feuilles mortes et les herbes des fossés bordant la forêt. Tout au long de notre chasse aux escargots, nous avons pensé à tous ces connards de mômes qui défilaient avec des drapeaux sous la pluie battante pendant que nous nous amusions à taquiner le petit-gris.

Le rendez-vous pour le départ du défilé avait été fixé à l'école. Le cortège allait ensuite parcourir la rue principale du village et s'arrêter devant le monument aux morts où les enfants devaient déposer une gerbe de fleurs. Nous imitions les gosses, marchant au pas, avec des airs solennels, tout en pataugeant dans la boue de la forêt. Nous étions dans un état pitoyable. Nos vêtements étaient trempés et souillés, et nos bottes avaient triplé de poids à cause de la boue qui s'y était fixée.

Pensant que la cérémonie devait être terminée, nous sommes revenus au village. Cependant, comme nous n'avions pas de montre pour nous indiquer l'heure, nous sommes tombés sur le cortège, au détour d'un chemin. Le défilé stoppa net en nous voyant plantés tous les trois au milieu de la route. Nous nous étions arrêtés, ne sachant plus si nous devions avancer ou prendre la fuite. Monsieur Caron se détacha du cortège et vint au-devant de nous.

– Ah, mes gaillards, vous voici ! Ça ne se passera pas comme cela, c'est moi qui vous le dis ! Vous êtes la honte du village ! Suivez-moi et n'essayez pas de me fausser compagnie !

Nous avons rejoint le peloton et avons suivi au côté de l'instituteur le défilé jusqu'à son terme.

Je n'étais pas fier de me voir dans cet état, surtout que les filles du village étaient là et qu'elles riaient franchement en voyant notre dégaine. Tous les habitants du pays étaient endimanchés et nous étions crottés des pieds à la tête.

Lorsque les festivités furent terminées, monsieur Caron nous entraîna à l'école et fit venir Tasie pour lui faire constater l'état dans lequel nous étions, ainsi que l'affront que nous venions de faire subir aux villageois.

Tasie nous ramena à la maison et nous mit une bonne raclée. Gaëtan subit le même traitement par sa mère, et tout rentra dans l'ordre.

J'atteignis mes quatorze ans. Monsieur Caron ne me présenta pas au certificat d'études primaires, car j'étais loin d'avoir le niveau nécessaire pour passer cet examen. L'école n'étant plus obligatoire à partir de cet âge, je me mis à travailler.

Je suis entré dans une usine de robinetterie, près de Nouvion. Le travail n'était pas très dur, et l'ambiance assez sympathique. Ce n'était pas intéressant, mais en voyant les adultes faire les mêmes choses que moi, je compris vite que ce qui comptait avant tout était de gagner sa vie.

Après deux ou trois mois de ce boulot, j'avais un peu repris du poil de la bête. Tasie ne pouvait plus m'attirer dans son lit le matin puisque je partais de bonne heure et, le soir, lorsque je rentrais, Pépère était là. Le calme était revenu dans mon esprit. J'essayais d'oublier ; cependant, je surprenais fréquemment Tasie à me regarder avec des yeux langoureux. Elle ne m'impressionnait plus et j'évitais de me trouver seul avec elle.

Un jour que nous étions tous réunis à la maison, un samedi sans doute, mademoiselle Boucher, l'assistante sociale, pointa le bout de son nez. Elle apportait une mauvaise nouvelle qui fit l'effet d'une bombe. Elle venait me chercher pour me ramener à Abbeville. Croyant calmer Pépère, elle le rassura en lui promettant qu'elle n'emmenait que moi, et qu'elle leur laissait René pour une durée encore indéterminée, mais assez longue. Pépère devint rouge, tempêta, coléra, jura que ça ne se passerait pas ainsi, mais il s'inclina. Mémère fit mon paquetage en pleurant. J'étais abasourdi par ce renversement de situation et n'arrivais pas à y croire. Pas un instant durant les deux années que j'avais passées dans cette famille, je n'avais imaginé qu'un jour je devrais partir. J'avais cru que j'étais là pour la vie, mais c'était une grossière erreur.

Pourquoi fallait-il que je m'en aille, il n'y avait aucune raison ! Mademoiselle Boucher expliquait que je devais aller travailler et je travaillais déjà, c'était incompréhensible. René, lui, ne travaillait pas et pourtant il était mon aîné d'un an. La logique de cette situation m'échappait.

Mon départ fut d'une tristesse sans nom. Pépère me dit de ne pas m'en faire, que je reviendrais bientôt, qu'il se battrait pour que je revienne, mais ses paroles ne purent calmer ma détresse. Il avait l'air si malheureux. Je ravalai mes larmes avec amertume. Le nœud que j'avais dans la gorge m'empêchait de prononcer une seule parole. Je la détestais cette grosse pouffiasse qui m'emmenait dans sa voiture vers je ne sais quel destin. Je la haïssais encore plus en voyant le chagrin qu'elle faisait à Pépère. Je détestais ces lois sous le couvert duquel elle agissait. La vie était trop cruelle à supporter. J'étais à nouveau seul, isolé du reste du monde.

J'ai retrouvé l'hospice d'Abbeville avec dégoût.

J'espérais que Pépère aurait l'autorisation de venir me rechercher, mais cet espoir était mince, si mince, que quelques jours plus tard, je n'y croyais déjà plus.

Depuis mon arrivée, je n'avais pas quitté le dortoir. L'organisation n'avait pas changé. Nous passions vingt-quatre heures sur vingt-quatre dans la chambre, sauf pour aller manger. Le temps était long, les journées interminables et les nuits sans fin.

– On demande la section mâle en bas !

Un responsable venait de faire irruption dans le dortoir. Qu'est-ce que cela voulait dire ? J'eus la réponse aussitôt. Un employeur demandait à voir les garçons en âge de travailler. Je suivis donc, sans discuter, le groupe de garçons de mon âge parqués avec moi.

On nous fit aligner dans la cour, les uns à côté des autres. Un homme de haute stature vint près de nous, accompagné de monsieur Petit, le directeur. L'homme regarda minutieusement chacun d'entre nous, puis il s'approcha de moi. Après m'avoir détaillé une nouvelle fois des pieds à la tête, il me tâta les muscles du bras puis, se tournant vers le directeur :

– Il a l'air robuste celui-là, qu'en pensez-vous ?

–J'crois qu'il ferait votre affaire. Il est habitué à la campagne et solide comme un roc. Jamais malade, en pleine forme, quoi !

– C'est bon, j'l'emmène ! Affaire conclue, monsieur Petit !

– Chassang ! Va préparer ton paquetage ! Fais vite, monsieur n'a pas de temps à perdre, il t'emmène tout de suite.

Où allait-il m'emmener, ce type ? Il avait une sale gueule. Et cette manière de me choisir, un peu plus il me prenait pour un cheval et aurait regardé ma dentition ! Et les courbettes du directeur devant « monsieur » alors que moi, il m'avait parlé pire qu'à un chien. Qu'est-ce que cela voulait dire ? On n'allait pas bientôt me foutre la paix !

Je suis allé préparer mon baluchon comme on m'en avait donné l'ordre, mais je n'avais pas le moral. Le type me fit monter dans sa traction. Je n'ai pas vu la route, mais le trajet m'a paru très long. L'homme ne parlait pas. Il était jeune, environ trente-cinq ans. Je jetais des regards furtifs sur lui, mais n'osais lui adresser la parole. Son abord n'était pas très sympathique, mais peut-on se fier aux apparences ? Quand la voiture a ralenti, nous nous trouvions sur une petite place de village. Nous avons passé le porche délimitant l'entrée de la cour d'une ferme.

La ferme par elle-même était grande. Le corps de bâtiment en face du porche comprenait la partie habitable, ainsi que la laiterie. L'étable était à gauche en entrant dans la cour, et la grange, dans le fond, reliait l'étable au logement.

Une femme sortit immédiatement en voyant la voiture pénétrer dans la cour. Elle portait une blouse et essuyait ses mains sur son grand tablier. Lorsque la traction stoppa devant la porte de la cuisine, le fermier me demanda de descendre de son véhicule. Sa femme s'était légèrement penchée en avant pour mieux m'observer.

– C'est tout c'que t'as trouvé ? demanda-t-elle l'air étonné.

– Y avait pas mieux, qu'est-c'tu veux que j'te dise, faudra s'en contenter ! répondit son mari en se tapant les cuisses de déception.

– T'aurais dû en prendre un plus vieux !

– Y en avait pas ! Et puis un jeune, c'est pas mal, on peut le former comme on veut !

Voyant que mon arrivée n'apportait pas beaucoup de joie sur le visage de mes patrons, je suis allé chercher mon baluchon sur le siège arrière de la voiture pour me donner une contenance.

– Bon, ben, j'te laisse faire. Tu sais c'que j't'ai dit ? ajouta la fermière à l'attention de son mari.

– Oui, oui, je sais, t'inquiète pas ! répondit-il.

Il m'entraîna vers la laiterie. À l'intérieur, il ouvrit une porte qui donnait sur un escalier étroit en bois qui montait au grenier. Il m'adressa enfin la parole pour la première fois :

– Tu dormiras là-haut ! Monte tes affaires maintenant et redescends aussitôt, j't'attends. Comment tu t'appelles ?

– Jean, m'sieur.

– Bien. Fais voir c'que t'as comme affaires.

Sans discuter, j'ouvris mon paquetage qu'il se mit à fouiller. Il en retira les chaussettes et les enfouit dans ses poches.

– T'en auras pas besoin ici. Là-haut, tu trouveras des chiffons pour les remplacer, c'est beaucoup mieux dans les bottes. Allez, file !

J'ai ramassé à toute vitesse mon paquet d'affaires et j'ai monté l'escalier. Après avoir poussé la porte du grenier, je fus encore plus interloqué qu'après la scène qui venait de se produire. Il régnait un vrai fouillis dans cette pièce qui devait me servir de chambre. Il y avait des piles de journaux et de chiffons dans tous les coins. Il y faisait sombre, car le grenier ne disposait pas de fenêtre et le jour ne filtrait qu'à travers des trous de hasard, occasionnés par les tuiles du toit qui avaient bougé avec le temps. Un lit d'enfant, en fer, était dans le fond de la pièce. Je commençais à me demander comment j'allais faire pour dormir sur cette couche trop petite quand une voix me rappela à l'ordre.

– Alors, tu t'dépêches ! J'ai pas qu'ça à faire !

– Oui, je viens !

J'ai laissé choir mes vêtements sur le sol et suis redescendu auprès de mon nouveau patron. Il me fit visiter les dépendances de la maison. Pendant ce temps, il m'expliqua les divers travaux que je devrais effectuer dans la journée.

– Tout ira bien si tu fais ton travail convenablement. J'te mettrai l'argent de ta paye de côté pour t'acheter une Mobylette. C'est d'accord comme ça ?

– Oui, m'sieur.

– Bien. Pour aujourd'hui, tu vas nettoyer la cour en attendant d'aller traire les vaches. Tu sais traire, au moins ?

– Non, m'sieur.

– Tu sais rien faire, alors ?

– Oh si ! Je sais faire plein de choses, mais j'ai jamais soigné les vaches.

– T'apprendras, c'est pas difficile. Ah ! Autre chose ! Tu n'as pas à entrer à la maison. On te préviendra quand il sera l'heure de dîner, en dehors de ça, pas question de te voir flâner. Ma femme t'appellera quand ce sera le moment. Si tu bosses bien et qu'tu nous emmerdes pas, y aura pas de problèmes. Mets-toi au travail maintenant !

– Qu'est-ce que je fais ?

– J'te l'ai dit, tu nettoies la cour. Remonte un peu le tas de fumier et, quand t'auras fini, t'iras chercher de l'eau au puits pour les bêtes.

– Il est où, le puits ?

– Ben, dehors ! Sur la place ! Tu trouveras des seaux dans la laiterie. Va !

Le fermier rentra chez lui, me plantant au milieu de sa ferme. Je suis allé chercher une fourche et j'ai arrangé son tas de fumier qui était au milieu de la cour. L'après-midi était déjà bien avancée. Le temps me paraissait long malgré mes occupations. J'avais le moral à zéro et mon travail s'en ressentait. D'ordinaire j'avais de la force, une grande puissance dans mes muscles, mais là, je me sentais faible et la fourche me semblait lourde.

Tandis que je travaillais, j'entendis des rires et une galopade en direction du porche. Je vis, en me retournant, deux petites filles qui arrivaient gaiement de l'école. Quand elles m'aperçurent, elles s'arrêtèrent tout net sur place. Leur gaieté s'était évanouie et elles me regardaient d'un air bizarre. Pensant qu'elles étaient surprises de me voir, je leur adressai un grand sourire. La réaction fut instantanée. Elles se sauvèrent à toutes jambes vers la maison, comme si je leur avais fait peur. Inquiet de cette réaction, j'ai regardé autour de moi pour voir s'il n'y avait rien d'insolite. Mon inspection se révélant négative, j'ai vérifié mon habillement, ma coiffure, mes mains... Je n'y comprenais rien.

– Alors ! Qu'est-ce que tu fais ? Tu vas rêvasser encore longtemps comme ça ?

Le fermier venait de sortir de la cuisine et semblait en colère. Je repris mon travail sans discuter. Après être resté un moment à me regarder faire mon boulot, il est rentré à nouveau chez lui.

Lorsque ma besogne fut achevée, je suis allé chercher de l'eau au puits, afin de laver les traces qu'avait laissées le fumier sur le sol de la cour. Pour m'occuper en attendant la traite des vaches, j'ai trié et rangé les outils qui étaient entassés pêle-mêle dans la grange. Le fermier me signala, en fin d'après-midi, qu'il fallait aller puiser de l'eau pour les bêtes. Je suis donc retourné au puits, et ensuite, je l'ai suivi dans les champs.

Nous avons ramené le troupeau à l'étable. Il me fit voir comment traire les vaches. Ces dames furent très patientes avec moi, malgré ma maladresse. Lorsque la traite fut terminée, nous avons transporté les bidons de lait à la laiterie, où j'appris à l'écrémer.

Le temps passait et j'avais faim. Je m'activais, afin d'aller à table le plus rapidement possible. Le fermier, qui m'avait laissé seul après m'avoir expliqué ce que je devais faire, tardait à venir me chercher.

Lorsque j'eus terminé le nettoyage des bidons et des lieux, je suis allé dans la cour. Comme personne ne sortait de la maison, je me suis avancé jusqu'à la cuisine. Je suis passé devant la fenêtre en regardant discrètement à l'intérieur, et j'ai vu toute la famille attablée. Pensant que j'étais en retard, je me suis passé les mains à l'eau de la fontaine qui était le long du mur de l'habitation. Après m'être secoué les mains pour les sécher, j'ai frappé à la porte. Le fermier vint m'ouvrir.

– Qu'est-c'que tu veux ? T'as fini à la laiterie ?

– Oui, m'sieur. J'ai fait comme vous m'avez dit.

– T'as qu'à aller dans la grange faire du rangement !

– Je l'ai déjà fait tout à l'heure, avant d'aller aux vaches.

– Ben, retournes-y, tu y trouveras certainement du travail en attendant la soupe !

La porte se referma sur moi. Je suis resté quelques secondes, devant la porte close, à me demander ce qu'il se passait dans cette maison.

Lentement, je me suis rendu dans la grange, mais je n'y ai rien fait. Mon courage m'avait abandonné. J'avais les mains au fond de mes poches. Ma tête penchait en avant. Mon cœur battait à grands coups. De rage, j'ai lancé un coup de pied dans un ballot de paille, puis un autre... Les larmes se mirent à déborder de mes yeux.

Je me suis jeté sur la paille en sanglotant. Je la frappais de mes poings, de désespoir. Comme je regrettais mon Pépère ! Il n'aurait jamais permis qu'on me mette à l'écart, comme le faisaient ces gens-là. Mon chagrin s'estompa et fit place à de la colère. Je m'étais assis et mes larmes disparurent instantanément.

J'ai retrouvé mon calme peu à peu, en me persuadant que, si je travaillais le mieux possible, mes patrons m'accepteraient et deviendraient plus avenants. Je me suis levé et j'ai recommencé à faire du rangement, jusqu'à ce qu'enfin mon patron vienne me chercher pour dîner.

Quand je suis entré dans la cuisine, les enfants n'étaient plus là. La fermière faisait la vaisselle. La grande table centrale était vide. J'aperçus sur une petite table, près de la cuisinière, un bol fumant. Mon patron me fit signe d'aller m'asseoir dans cette direction et j'obéis sans discuter. En mangeant la soupe, je levais les yeux de temps en temps pour observer les fermiers.

La femme continuait sa vaisselle sans me regarder. L'homme fumait tranquillement une cigarette, assis, les jambes croisées et les yeux dans le vague.

Je me demandai si le fait de me trouver dans cette maison n'était pas un mirage, une hallucination. Je ne connaissais pas ces gens-là et j'étais attablé chez eux, sans qu'ils paraissent se rendre compte de ma présence.

Lorsque ma soupe fut ingurgitée, la femme déposa un camembert et un morceau de pain devant moi. J'en déduisis que le repas touchait à sa fin et me servis largement. La boîte de fromage disparut aussi vite qu'elle était apparue sur la table. Je songeai, tout en mangeant ce casse-croûte de fortune, qu'un bon plat de nouilles ou de patates aurait été le bienvenu, car j'avais encore aussi faim qu'en me mettant à table. Ma dernière bouchée était à peine avalée que le fermier se leva :

– Tu vas aller te coucher, maintenant. Demain, réveil à cinq heures !

– Oui, m'sieur... Bonsoir. Bonsoir, madame, ai-je dit doucement en me dirigeant vers la sortie.

Je suis allé directement dans le grenier. J'ai trouvé le lit en tâtonnant, car il n'y avait pas de lumière. Je me suis allongé tout habillé, j'avais juste enlevé mes bottes. Mes jambes étaient trop grandes ou le lit trop petit, toujours est-il que je ne pouvais pas m'étendre de tout mon long. Je me suis enroulé dans une couverture et ai attendu que le sommeil veuille bien m'emporter, loin de ma solitude et de mon désespoir.

–Jean ! Debout ! Jean, lève-toi, c'est l'heure !

– J'arrive ! ai-je crié.

J'avais mal partout. Ma tête était lourde, mes jambes engourdies. J'avais été long à m'endormir et la nuit m'avait paru bien courte. Il faisait encore sombre. Les journées raccourcissaient. Nous étions à l'automne 1958. Je n'aimais pas l'automne, cette saison intermédiaire qui annonçait l'hiver, le froid, le mauvais temps, les jours trop courts et les nuits trop longues.

Après m'être étiré, assis sur le bord de mon lit, j'ai enfilé mes bottes. J'ai descendu le petit escalier de bois et suis allé me passer le visage sous la fontaine pour me réveiller. Tout était noir. Aucune lumière ne filtrait au travers des fenêtres de la maison. Le patron s'était certainement recouché. Sans plus attendre, j'ai entamé ma journée.

J'ai commencé par déblayer le fumier de l'étable. J'avais une brouette à ma disposition que je chargeais à la fourche et que j'allais vider sur le tas de la cour. Après, je suis allé puiser de l'eau et j'ai nettoyé à grande eau le pavé de l'étable en le frottant au grésil. L'endroit propre, j'ai été dans la grange prendre de la paille fraîche, ainsi que du foin pour nourrir les bêtes. Pendant que les vaches mangeaient je les ai traites et j'ai transporté les bidons pleins dans la laiterie.

Le jour s'était levé et, apparemment, mes patrons aussi, car il y avait de la lumière dans la cuisine. Mon travail était terminé et, ne sachant quoi entreprendre, je suis retourné dans la grange m'occuper en attendant qu'on me fasse un signe.

Tout en bricolant, je guettais la porte de la cuisine espérant en voir sortir mon patron, car j'avais l'estomac dans les talons. Ce sont les enfants qui sortirent les premiers. Ils partaient à l'école. Quelques instants plus tard, le fermier sortit et alla faire un tour à l'étable. Puis il vint dans la grange.

– Ah, t'es là ! Tout s'est bien passé ce matin ?

– Oui, m'sieur.

– Si tu veux déjeuner, va en vitesse à la cuisine. On va bientôt aller travailler dans les champs et tu n'as pas encore donné à manger aux cochons.

Sans demander mon reste, j'ai filé à la maison où la fermière m'a servi un bol de lait avec du pain. J'étais installé sur la même petite table que la veille. Pas de bonjour, pas un mot, apparemment ma présence ne lui plaisait guère. Dès la dernière bouchée avalée, j'ai été soigner les cochons. Je connaissais parfaitement ce genre de besogne que j'avais déjà faite, hélas ! Quand le patron a sorti le tracteur, j'avais terminé.

– T'as pris le casse-croûte ?

– Non, m'sieur.

– Va le chercher, c'est sur la table.

Muni du panier contenant le repas du midi, je me suis hissé sur le tracteur et nous sommes partis. Le trajet fut court. Nous avons commencé aussitôt, à notre arrivée, le ramassage des betteraves.

Il fallait les déterrer à la main et en faire des tas. J'ai passé ma journée dans le champ. Le patron est rentré chez lui pour déjeuner tandis que je suis resté sur place pour pique-niquer. L'après-midi me sembla interminable. J'avais fréquemment des remontrances sur ma façon de travailler. D'ailleurs, le fermier passait plus de temps à m'observer qu'à travailler. C'était son droit et je n'avais rien à redire sur cet état de choses.

Le patron faisait la navette entre le champ et la ferme, avec son tombereau, et je fus bien heureux quand il m'annonça qu'il allait me ramener avec son chargement.

En arrivant à la ferme, il était l'heure de traire les vaches. Après, le patron m'ordonna de stocker les betteraves qu'il avait déversées à l'entrée de la grange, dans le silo réservé à cet effet. Celui-ci était dans le fond de la grange, et le stockage devait être effectué à la main. Le patron ayant décrété qu'avec une fourche, je risquais d'éventrer les betteraves.

J'étais complètement crevé de ma journée. Je n'avais pas arrêté une minute depuis cinq heures du matin, sauf pour le petit déjeuner et le casse-croûte du midi, avalés tous deux en quatrième vitesse. Je n'avais plus de bras ni de jambes. Mes forces m'avaient abandonné, mon courage aussi. Il me fallait cependant m'exécuter. C'est avec une grande lassitude que j'ai commencé cette nouvelle tâche.

J'entassais, j'entassais, je ne voyais pas le tas de la cour baisser, ni le silo se remplir.

On m'appela pour dîner. Le repas fut le même que celui de la veille, mais cela n'avait pas d'importance. En revanche, quand le fermier m'annonça que je devais finir de rentrer les betteraves avant d'aller me coucher, je me suis demandé s'il ne se foutait pas de ma gueule. Hélas ! ce n'était pas une plaisanterie.

Je suis retourné à la grange en traînant la patte et j'ai dû terminer mon travail vers minuit. Je suis allé me coucher comme un robot. Je me suis jeté en travers du lit, sans me déshabiller, et me suis endormi tout de go.

Le lendemain et les autres jours furent identiques. J'étais debout à cinq heures et rarement couché avant onze heures, tant que le ramassage des betteraves dura.

Les jours qui passaient n'apportèrent aucune amélioration dans mes relations avec la famille. Je n'avais pas de dimanches, pas de repos, pas de détente. Personne ne m'adressait la parole, sauf le fermier pour me donner des ordres ou pour m'engueuler. Je ne me lavais jamais, mes vêtements ne me quittaient plus. Quand les chiffons qui me servaient de chaussettes étaient pourris, je les jetais et me servais dans la réserve de mon grenier. Je vivais comme une bête, j'étais devenu une bête.

Je n'avais pas le droit d'entrer dans la maison lorsque les enfants y étaient. Je ne partageais aucun repas avec la famille. J'étais seul, isolé, repoussé, je ne réfléchissais plus sur ma condition, j'étais abruti par le travail et la solitude.

Le patron, pour m'encourager, me faisait cependant une faveur. Il m'achetait des cigarettes. J'avais droit à un paquet de Boyard par semaine. De temps en temps, il me reparlait de la Mobylette, mais je ne la désirais plus. À quoi m'aurait-elle servi ? Je n'avais pas de temps libre. Je n'aurais d'ailleurs jamais osé me promener hors de la ferme, j'étais tellement repoussant ! Les enfants du village me montraient du doigt. Les gens qui venaient rendre visite à mes patrons me regardaient comme une bête curieuse, et pas un ne m'adressait la parole. On me regardait, on chuchotait, on faisait des mimiques, des grimaces de dégoût, puis on me tournait le dos en rigolant. J'en avais pris mon parti, et je laissais les choses aller ainsi.

Le soir du réveillon de Noël, mes patrons invitèrent de la famille chez eux. Je pris mon dîner avant que les invités n'arrivent. Nous avions une vache qui était prête à vêler, et mon patron m'ordonna de passer la nuit éveillé, afin de surveiller l'évolution de la naissance. Je devais le prévenir, le moment venu.

Je suis allé à l'étable et, du seuil de la porte, j'ai regardé le déroulement de la fête à travers la fenêtre de la cuisine. Je fumais mes cigarettes. J'entendais les rires, la musique, enfin toutes ces choses auxquelles je n'avais pas droit. Je n'avais pas de haine, seulement une grande tristesse. Noël n'avait jamais été une fête pour moi. Il y a des choses comme cela qui ne sont pas pour tout le monde.

Je n'oubliais pas pour autant la future mère, et je jetais un œil sur elle, de temps en temps. Fatigué, je finis par aller m'asseoir auprès d'elle, sur la paille. J'ai somnolé quelque peu, mais tout en surveillant l'évolution. Tard sur le matin, sentant que le moment était venu, je suis allé réveiller le fermier.

La fête était finie. Tout le monde dormait. Mon patron grogna, il n'avait pas la grande forme, mais il vint tout de même. Il lui en voulait à la pauvre vache de lui avoir écourté son repos. La bête mit bas un superbe petit veau, le patron repartit se coucher et la journée commença pour moi, une nouvelle journée de labeur.

Les jours s'écoulaient lentement. Il y avait peut-être trois ou quatre mois que j'étais dans cette ferme. Le temps était incalculable pour moi, qui ne voyait aucune différence entre les jours. Les champs étaient labourés et le moment d'étaler de l'engrais sur les terres était venu. Cela faisait plusieurs après-midi que j'étais seul dans les champs, sans qu'aucune idée particulière ne me traverse l'esprit. Et puis, soudain, cela germa dans ma tête.

Il me fallait partir, fuir, je ne pouvais rien espérer dans cette ferme, rien attendre de mes patrons. Ils m'avaient abêti et je ne me sentais pas capable de vivre ainsi le restant de ma vie. J'ai alors tout laissé en plan, le tracteur, le fumier, les outils, tout en somme. Je suis parti à travers champs en courant comme un forcené. J'ai rejoint la route nationale et j'ai pris la direction d'Abbeville. J'ai couru, couru, couru... De temps en temps, je m'asseyais dans un fossé pour reprendre mon souffle. Dès que je me sentais mieux, je reprenais ma course.

J'avais envie de retourner chez Pépère. Il me protègerait et m'accepterait. Plus la route défilait sous mes pieds et plus je me sentais léger pour courir. Je me méfiais cependant des voitures de gendarmes que je risquais de croiser sur la route. Ils ne pouvaient pas être prévenus, c'était trop tôt, mais ma course folle aurait pu les intriguer. J'ai couru pendant des kilomètres et des kilomètres. Les instants de repos étaient brefs, car je ne connaissais pas la distance à parcourir et il me fallait arriver avant la nuit noire.

Mon arrivée à Abbeville fut très remarquée. Je connaissais bien la ville et n'eus aucun mal à retrouver mon chemin. Les badauds s'arrêtaient pour me voir passer. Mon accoutrement ne passait pas inaperçu et l'odeur nauséabonde que je laissais sur mon passage devait leur inspirer de la répugnance. Je pris la route menant à Forest-l'Abbaye. Il me restait quatorze kilomètres à faire pour atteindre le village et j'étais fourbu. J'ai cependant continué ma course. Mon allure avait ralenti, mais le désir de fuir la vie de porc que j'avais vécue me donnait les forces nécessaires pour aller jusqu'au bout de ma longue échappée.

En arrivant devant la maison de Pépère, il faisait nuit. La lumière de la cuisine était allumée. J'ai ouvert le portail calmement et me suis avancé vers la porte d'entrée d'un pas hésitant. J'ai regardé par le carreau de la porte et j'ai vu Tasie, Pépère et René attablés pour le dîner. J'ai frappé.

– Entrez ! lança Pépère.

Je n'osais pas ouvrir la porte. J'entendis un bruit de chaise. Tasie venait de se lever et allait m'ouvrir. Mon cœur battait très fort. Quand elle me vit, elle porta sa main à sa bouche pour étouffer un cri. Elle se retourna brusquement vers son mari :

– Henri ! C'est Jean ! Mon Dieu, mon Dieu !

D'un bond, Pépère était devant moi. Il me prit dans ses bras et me serra très fort. Le pauvre homme pleurait. Il me caressait la nuque.

– Viens, mon petit, entre, me dit-il.

La porte se referma sur moi. René, qui était resté à table, avait les yeux écarquillés et ne semblait pas se remettre de la vision qu'il avait.

– Dans quel état es-tu ! C'est pas possible d'être aussi sale, mais d'où tu sors ? demanda Tasie qui versait toutes les larmes de son corps.

– Au lieu de lui poser des questions, donne-lui plutôt à manger ! dit Pépère en m'entraînant à table.

– Il ne va tout de même pas manger avec des mains pleines de merde ! Lave-toi les mains, mon petit. C'est pas Dieu possible d'être dans un état pareil !

Je me suis lavé les mains, puis je me suis restauré sous leurs regards attentifs. Ils attendaient impatiemment que je termine mon repas pour me poser toutes les questions qui leur brûlaient les lèvres. Quel délice ce repas, et quel plaisir de voir du monde autour de moi. Ils ne m'avaient pas oublié et je leur en étais reconnaissant. La dernière bouchée avalée, je leur ai raconté, dans le détail, ma vie à la ferme. Ils en étaient ébaubis. Tasie pleurait, René se mangeait les ongles d'énervement et Pépère grognait des insultes envers mes patrons.

– Tu va rester avec nous, décréta-t-il.

– Mais ils vont me rechercher ! Pépère, j'veux plus retourner à la ferme. Je voudrais rester avec toi.

– Je sais, je sais. Demain, j'irai à Abbeville et je vais essayer de te garder. Ça ne va pas être facile parce que, lorsque tu es parti, j'ai remué ciel et terre, j'ai tout fait de ce qui était en mon pouvoir, mais ils n'ont rien voulu savoir.

– J't'attendais, tu sais, je croyais que tu allais venir, mais quand je suis parti pour la ferme, j'ai compris que j'te reverrais plus.

– Pauvre gosse, j'ai si souvent pensé à toi. J'avais peur que tu m'oublies.

– Oh non, Pépère ! J'aurais pas pu, j'pensais à toi souvent !

– Mais il n'y avait personne qui allait te voir à la ferme ? J'comprends pas qu'on t'ait laissé dans un état pareil !

– Des fois, il y avait le directeur qui venait manger à la ferme.

– Alors, il disait rien ?

– Non.

– Il voyait bien comment tu étais ?

– Oui, mais y disait rien ! Il était copain avec le fermier, ils avaient l'air de bien se connaître. Moi, il s'en foutait totalement !

– Ah ! C'est un monde, tout de même ! Tu vas voir, je vais aller lui dire deux mots à ce salaud ! Il va avoir affaire à moi demain matin, tu peux me croire. Si c'est pas malheureux ! Je vais le démolir, ce fumier.

– Allons, Henri, ne t'énerve pas ! dit Tasie.

– T'en as de bonnes, toi, il faut que je garde mon calme ! Ça t'fait pas bondir de voir ce qu'on a fait à mon m'tit gars ! Faut pas être humain pour agir ainsi, faut pas être humain !

– Tu ne dois pourtant pas te fâcher Henri, sinon ils te mettront à la porte comme l'autre fois.

– Laisse-moi faire. Prépare-lui une bassine d'eau qu'il se lave, il sent la charogne, ce gamin !

Je me suis décapé le corps de fond en comble. Ce n'était pas du luxe, car il y avait plusieurs mois que ma peau n'avait pas senti le contact de l'eau, hormis les gouttes de pluie lorsque le temps le permettait. Après cette grande toilette, je suis allé me coucher dans de bons draps frais. J'ai passé une bonne nuit, je me sentais rasséréné.

Le lendemain matin, après un bon petit déjeuner, Pépère s'est préparé pour aller à Abbeville. Pendant son absence, je me suis habillé avec des vêtements de mon frère. Ce dernier ne cessait de me poser de nouvelles questions sur ma vie à la ferme. Il avait peine à me croire, cela se voyait. Sa vie n'avait pas changé, il était le même qu'à mon départ. Il me dit que Pépère parlait souvent de moi, que fréquemment il était cafardeux et triste, qu'il avait été à la ville pour essayer de me reprendre, mais que ses démarches n'avaient jamais abouti.

Il y avait à peine une heure que Pépère était parti que la voiture de mademoiselle Boucher, l'assistante sociale, s'arrêta devant la maison. Mon sang se figea dans mes veines, et je courus me cacher dans ma chambre.

J'entendis bientôt des éclats de voix. Tasie ne se laissait pas faire. Elle vint pourtant me chercher, il n'y avait sans doute pas moyen de faire de transaction.

L'assistante sociale était furieuse. Elle me dit sèchement que je devais retourner à l'hospice d'Abbeville où le directeur m'attendait.

– J'irai pas ! Je veux plus retourner à la ferme ! Je veux rester ici !

– On te demande pas ton avis. Ce n'est pas à toi de décider ! Tu vas venir avec moi et le directeur verra ce qu'on peut faire de toi. De toute manière, le fermier ne veut plus de toi, t'es trop fainéant.

– J'suis quoi ? L'ordure ! Le salaud ! C'est un salaud et sa femme aussi ! Vous êtes tous des salauds ! m'écriai-je.

– Il suffit ! Garde ta vulgarité pour les gens de ton espèce ! Insulter des gens très bien, qui ne cherchent qu'à aider des moins-que-rien de ton genre. Tu vas me suivre et tu n'as rien à dire.

– Tasie, j'veux pas y aller... J'veux rester. La laisse pas faire...

– Mon pauvre petit... mon pauvre petit... Tu dois y aller, il le faut, tu n'as pas le choix. Va...

– Et Pépère ?

– T'inquiète pas, il ne te laissera pas tomber. Allez, va...

Tasie pleurait à nouveau. René restait impassible. Je n'avais pas de vêtements à emporter. J'ai donc suivi mademoiselle Boucher à Abbeville. Elle ne m'a pas adressé la parole de tout le voyage.

Devant monsieur Petit, le directeur de l'hospice, elle laissa aller son mécontentement, disant que j'avais été agressif et injurieux à son encontre.

Monsieur Petit l'écouta, puis il lui demanda de nous laisser seuls. Les remontrances allaient bon train : j'étais un paresseux, un crasseux, un vaurien, de la graine de voyou, un bon à rien, un va-nu-pieds, un ingrat et bien d'autres choses.

Il me soûlait, ce pauvre con. Il pensait peut-être m'impressionner avec ses airs supérieurs, mais c'était raté. Tout ce que je voulais, c'était ne pas retourner à la ferme, et j'étais rassuré sur ce point, puisque le fermier ne voulait plus de moi. Le reste, ce qu'il allait advenir de moi, je m'en foutais comme de l'an 40.

Je suis resté deux jours à l'hospice, puis j'ai été transféré à Denfert-Rochereau. L'accueil à Paris a été glacial. On ne me disait rien quant à mon avenir, et j'avais l'impression que tout le monde m'en voulait. Après une bonne semaine d'attente et de méditation, j'ai été convoqué dans un bureau, où j'eus la surprise de voir ma mère. Ce fut un choc. Elle ne m'embrassa pas, ne me dit pas bonjour, me regardait comme si elle ne me reconnaissait pas. On lui fit le récit de mes aventures, arrangées selon les versions malsaines et malveillantes des diverses personnes qui m'avaient eu à « leur charge ». Ce qui se disait ressemblait si peu à la vérité qu'il m'était impossible de faire admettre le contraire. Aussi me suis-je tu devant tant d'invraisemblances. Ma mère était d'accord sur tout ce qui se disait sur mon compte. Cela faisait trois ans qu'elle ne m'avait pas vu, et pourtant elle acquiesçait comme si elle m'avait suivi partout. Le type qui conversait avec ma mère lui demanda si elle était d'accord pour me reprendre avec elle. Sa première réaction fut de dire que ce n'était pas possible. Son interlocuteur lui démontra que sa situation lui permettait de me reprendre en charge, que j'étais en âge de travailler, qu'il n'y avait aucune raison valable justifiant un refus. Elle céda donc, mais à contrecœur, c'était flagrant. De mon côté, je ne peux pas dire que je sautai de joie, mais enfin, la perspective d'une vie plus libre s'ouvrait devant moi et ce n'était déjà pas si mal.

Nous sommes partis tous les deux par le métro en direction de Levallois, où elle habitait une chambre meublée, au quatrième étage d'un hôtel, au 67, rue Chaptal. Elle y vivait en compagnie de Hariss. Ils travaillaient tous deux à l'hôpital anglais, situé rue de Villiers, à quelque trois cents mètres. Lui était homme de peine, et elle femme de service.

Elle était visiblement inquiète de sa réaction devant ma présence. Elle ne me parlait pas, mais elle bougonnait et avait des gestes d'humeur. J'essayais de me faire tout petit, ne sachant si je devais m'asseoir ou rester debout. Enfin, il est arrivé. Il est resté planté sur le pas de la porte avec un regard étonné, marquant une certaine hésitation, puis il est entré et m'a dit bonjour, sans commentaire. Ce fut un soulagement pour moi, car je n'avais pas envie de retourner à Denfert. J'ai même eu la sensation que ma présence le dérangeait moins que ma mère.

La nourriture ne manquait pas. Ma mère ramenait des restes de l'hôpital, chaque jour, et en quantité. Je me rattrapais en pensant aux mauvais jours. Tous les soirs, elle rentrait avec un cabas plein à craquer, comme pour nourrir un régiment.

Je ne travaillais pas, d'ailleurs elle ne m'a pas demandé une seule fois d'aller chercher du travail. Je reprenais mon souffle, je devenais oisif et j'aimais bien.

Ma mère parlait peu avec moi. Elle semblait avoir accepté ma présence, Hariss de même. Le soir, après dîner, elle me disait de sortir pour être seule avec son jules. Je savais pourquoi et je m'en allais aussitôt. Il arrivait parfois que j'assiste à leurs ébats amoureux et je trouvais cela répugnant. Je repensais invariablement, dans ces cas-là, à mon père qui sautait ma mère devant nous, ainsi qu'à Tasie qui m'avait initié.

Je me retrouvais alors dehors et je traînais les rues jusqu'à une heure avancée de la nuit, avec des copains de fortune qui étaient libres comme moi. Je me couchais tard, mais ce n'était pas grave pour ma santé, puisque je pouvais dormir autant que je le désirais le reste du temps.

Je repensais à papa, qui lui aussi flânait au lit dans la journée.

De mon père, je n'avais pas de nouvelles. Je n'en demandais pas à ma mère car elle détestait les questions. Comme elle me fichait la paix, je ne tenais pas à l'énerver. De mes frères et sœurs, je ne savais rien non plus, si ce n'est que René et Michelle étaient toujours à Forest-l'Abbaye ; mais des jumeaux, rien. J'étais habitué à vivre dans l'indifférence, cela ne me changeait guère. Je me taisais et menais ma petite vie, faisant semblant d'ignorer le reste du monde.

Après quelques semaines de cohabitation, ma mère obtint la location de la chambre contiguë à la nôtre. J'avais maintenant *ma* chambre. Ma mère me servit dès lors mes repas à part. Je mangeais donc seul pendant qu'elle et Hariss se restauraient dans la chambre voisine. Je ne comprenais pas, au début, pourquoi nous prenions nos repas séparément, mais je n'ai pas tardé à le savoir. Lorsqu'il m'arrivait d'aller chez ma mère pendant le repas, elle entrouvrait sa porte et ne me faisait jamais rentrer. Elle fermait la porte pendant qu'elle allait chercher ce que je lui avais demandé et l'entrouvrait à nouveau pour me le donner, puis elle refermait. Intrigué par ses manigances, j'essayai de voir par la fenêtre ce qui se tramait dans leur nid. J'ai donc ouvert ma fenêtre et, m'asseyant à cheval sur la balustrade, je me suis penché en m'agrippant de mon mieux sur le mur extérieur. Quelle ne fut pas ma surprise en voyant le couple s'empiffrer de petits plats à part, mijotés rien que pour eux. Comme je mangeais à ma faim, ce ne fut pas difficile à encaisser, mais tout de même, je les trouvais plutôt gonflés.

J'appréciais malgré tout mon indépendance, et surtout le fait qu'on me foute la paix. Le soir, lorsque je sortais, je me sentais bien. Ma mère ne me donnait jamais d'argent, mais j'arrivais toujours à me débrouiller. Je retrouvais mes copains chaque soir au square de la Planchette. Nous draguions les filles, c'était notre principale occupation. Ça marchait assez bien pour moi et je tombais sur des filles qui ne rechignaient pas pour me donner du fric ou me payer le cinéma. C'était la belle vie. J'avais aussi des touches avec des femmes mariées. Celles-là, je ne leur demandais pas d'argent, je me servais.

Lorsque je sortais dans la journée, il m'arrivait d'emprunter un vélo ou une Mobylette garés sur un trottoir. J'allais faire un tour, puis je ramenais l'engin dans le quartier où je l'avais dérobé. Je me suis fait pincer une seule fois. L'engin était plus important, c'était une moto de livraison qui appartenait à un marchand de fruits et primeurs. Il m'a poursuivi dans les rues de Levallois au volant de sa voiture. Je menais la moto à fond de train, je roulais sur les trottoirs. Quelle rigolade, et quelle expérience grisante. J'ai abandonné la moto au coin d'une rue, et je suis rentré à la maison. Hormis ces petites bêtises, j'étais sage dans l'ensemble.

Il m'arrivait fréquemment de me faire arrêter par les flics, le soir. Ce n'étaient que des contrôles d'identité, aussi je ne m'inquiétais pas. Lorsqu'ils me ramenaient à la maison, ma mère faisait toujours l'étonnée. Elle disait qu'elle ne savait pas que j'étais sorti, alors que c'était elle qui m'envoyait dehors, surtout au début, quand nous vivions dans la même chambre. Après, le pli était pris et je sortais par habitude. Parfois, elle me demandait de me débrouiller pour aller coucher ailleurs, parce qu'elle avait besoin de ma chambre. Ces nuits-là, des cousins d'Hariss, arabes comme lui, venaient dormir à la maison. J'essayais alors de me trouver une fille qui puisse m'héberger. Parfois, je ne trouvais personne. J'errais dans les rues et je me faisais embarquer inévitablement. Je passais la nuit au poste de police, disant que ma mère n'était pas là, et que je ne pouvais rentrer chez moi.

Le commissariat était le même que celui de mon enfance. Les flics n'étaient pas étonnés de la situation, ils connaissaient trop la famille. J'étais relâché le lendemain matin et ça n'allait pas plus loin.

Un jour, une déléguée du ministère de la Justice se présenta à la maison. Je dormais. Ma mère l'amena dans ma chambre, pour qu'elle puisse constater que, bien qu'il soit midi, j'étais encore au lit. Je ne sais pas ce qu'elles se sont dit, mais elle est revenue plusieurs fois me voir, ou plus exactement, voir ma mère. Elle demandait à chaque fois si je ne cherchais pas du travail, et pourquoi je me levais si tard. Je n'avais jamais l'occasion de répondre, car ma mère me coupait systématiquement le sifflet pour dire que j'étais trop fainéant pour aller travailler, que je ne pensais qu'à traîner dans les rues, qu'elle était toute seule pour m'élever, que ce n'était pas facile, que j'étais très dur, etc. Devant ce magnifique plaidoyer, que pouvais-je ajouter ? La déléguée me raisonnait, m'expliquait que je devais aider ma mère, qu'il fallait lui éviter les tracas, enfin toutes sortes de balivernes qui me faisaient rigoler. Elle tombait dans le piège que lui tendait ma mère et croyait tout ce qu'elle lui disait. Moi, je savais que ce n'était pas la vérité, qu'il n'y avait pas un mot de vrai dans les pleurnicheries de ma mère. Des mensonges, des mensonges, toujours des mensonges, tout le monde mentait, tous les gens que j'avais connus fabulaient, cela en devenait risible. Je les laissais raconter leurs petites histoires, mais je m'en foutais. Je n'avais rien fait de mal, j'avais la conscience tranquille, trop tranquille.

4

LE REJET

C'était l'automne 1959. Je n'aimais décidément pas cette saison. Ma mère me dit un matin qu'elle avait reçu une convocation pour elle et moi, du Palais de justice de Paris, pour l'après-midi. Ma mère et Hariss n'allèrent pas travailler ce jour-là. Ils firent une toilette particulièrement soignée. Moi, j'étais comme d'habitude, mal habillé, les cheveux longs, mais propres. Je n'étais pas réellement inquiet, mais je ne me sentais pas rassuré.

Au Palais de justice, ma mère a demandé son chemin, car il y avait de quoi se perdre dans cet immense bâtiment. Nous avons enfin trouvé la porte du bureau du juge Sinvé. On nous fit attendre. Nous nous sommes assis sur le banc capitonné situé en face de la porte du bureau. Ma mère fut appelée la première. C'était long, elle n'en finissait plus. Hariss s'impatientait. Il poussait de grands soupirs. Ma mère revint s'asseoir et m'envoya la remplacer dans le bureau.

Je me suis levé, hésitant, puis, d'un pas mal assuré, je suis entré dans le bureau du juge. La pièce était lugubre, triste, froide. Derrière un grand bureau sur lequel était allumée une lampe qui diffusait une lumière timide, un homme de petite stature, ayant une infirmité à un bras, me scrutait. Je suis resté debout au milieu de la pièce. J'attendais. Derrière le juge, il y avait une grande fenêtre avec des barreaux, cette ambiance n'était pas agréable.

– Voyons, Jean Chassang, c'est bien vous ? me demanda le juge.

– Oui, monsieur.

– Bien. Vous êtes en état d'arrestation. J'ai prévenu votre mère, je vais vous placer dans un centre spécialisé pendant trois mois. Vous irez à Savigny-sur-Orge.

– Mais... pourquoi...

– Parce que j'en ai décidé ainsi, c'est tout.

Une sueur froide me coulait le long du dos. Je me demandais si j'avais bien compris ce que venait de me dire le juge. Sentant une présence derrière moi, je me suis retourné brusquement, et j'ai vu avec surprise un gendarme planté un peu en retrait, puis un autre. Affolé, je me suis retourné vers le juge, pour essayer d'avoir des explications, mais il m'a coupé la parole :

– Messieurs, vous pouvez disposer !

Les gendarmes m'empoignèrent chacun par un bras, et me guidèrent vers la porte du couloir. Quand la porte s'ouvrit, je vis ma mère assise sur le banc au côté d'Hariss. Ils se sont levés en me voyant m'approcher.

– Qu'est-ce qu'il t'a dit ? demanda ma mère.

Ma gorge était nouée. Avec d'énormes difficultés, je réussis à articuler quelques mots :

– Il m'envoie... j'sais plus où... dans un centre... J'veux pas y aller, m'man, j'veux rester... avec toi...

– Mais qu'est-ce que tu veux que j'y fasse ? J'y peux rien, moi ! Donne-moi ton portefeuille et suis ces messieurs ! J'y peux rien !

Ce qui arrivait était impossible. Je pleurais. Les gendarmes me lâchèrent un instant afin que je puisse donner le contenu de mes poches à ma mère. Je l'ai embrassée, puis ce fut le tour d'Hariss, et je suis parti, bien encadré pour éviter les escapades éventuelles. Je ne me suis pas retourné, je n'avais qu'à me soumettre.

Nous avons emprunté un couloir, passé une porte, marché dans d'autres couloirs. Cette marche était sans fin. Mes gardes du corps ne me lâchaient pas, ils avaient peur sans doute que je m'échappe, mais je m'en sentais incapable. Nous sommes arrivés devant un escalier en colimaçon qui descendait. Il était étroit, tout en pierre. J'avais froid, j'étais glacé jusqu'aux os.

En bas, c'était le dépôt, la « souricière ». Nous avons passé une porte. Sur la droite, il y avait la section réservée aux femmes. Nous avons tourné sur la gauche dans le couloir et nous nous sommes arrêtés dans une pièce où des gardiens me prirent en charge. Les gendarmes me quittèrent à cet endroit.

Les gardiens me demandèrent mes papiers d'identité ainsi que tout le contenu de mes poches. Je n'avais plus rien. Ils m'emmenèrent alors dans la pièce à côté. J'y ai déposé mes lacets. Je n'avais pas de cravate, pas de ceinture, rien que des lacets. En sortant de cette pièce, je vis un alignement de cellules sur la droite, un autre sur la gauche. C'est dans une cellule du côté gauche que l'on m'enferma. J'étais seul dans ce petit réduit noir. Il y avait une petite fenêtre au fond, avec des barreaux, qui donnait sur la cour située à l'étage supérieur. Le sol était en ciment. Il y avait aussi un chauffage et rien d'autre.

La porte s'était refermée sur mes pas et j'examinais les lieux, ne comprenant pas encore très bien ce que je faisais là. Après cette inspection furtive, je suis allé coller mon oreille à la porte. J'ai entendu des bruits de voix, parfois des cris ou des injures, les bruits étaient confus.

Il me fallait attendre, attendre désespérément. Qu'attendais-je ? Qu'allait-il m'arriver ? Qu'allait-on me faire ? Je n'en savais rien. Je n'avais pas une cigarette sur moi, pour passer le temps. À quoi cela aurait-il servi ? On ne me les aurait pas laissées sur moi. J'ai attendu plusieurs heures, deux, peut-être trois, le temps ne comptait plus.

Je pensais à ma mère et à Hariss. Je les imaginais dans le métro, puis rentrant à la maison. Qu'allaient-ils faire de ma chambre ? J'espérais qu'ils me la garderaient, trois mois, ce n'est pas très long. Et mes copains, ils m'attendraient ce soir à la Planchette, mais je ne viendrais pas. Si Pépère avait su, il aurait bien été capable de venir jusqu'à Paris sur sa Mobylette. Mon Pépère si gentil, comment pourrait-il accepter qu'on me mette en prison sans bouger, sans rien faire pour m'en sortir. Si ma mère pouvait être comme lui !

Ma porte s'ouvrit soudain. Un gardien me fit signe de le suivre. Il m'emmena dans une grande cellule

de l'autre côté du hall. Il y avait affluence. Cet endroit était malsain. L'assemblée offrait une grande diversité de personnages. L'âge des pensionnaires allait de l'adolescent au vieillard. Certains avaient des mines patibulaires, d'autres, un genre un peu particulier. Je n'en menais pas large, je ne savais où me mettre ni où porter mes yeux.

Le cachot contenait bien une cinquantaine de personnes. Quelques prisonniers étaient assis sur le sol, mais la majorité restaient debout. Je n'ai parlé à personne.

On vint nous ouvrir la porte. Nous sommes tous sortis, et l'on nous demanda de nous aligner les uns à côté des autres, dans le hall. C'était la distribution de nourriture : une tranche de pain et une crème de gruyère par personne. Chacun ayant été servi, nous sommes tous retournés dans la cellule commune pour manger. La collation fut vite terminée pour tout le monde.

Dans la soirée, un gardien vint me chercher pour m'envoyer dans une nouvelle cellule. Les verrous claquèrent derrière moi. Dans ce nouveau cachot, deux adolescents occupaient des lits. C'étaient des lits superposés sur trois étages. Ils m'indiquèrent un lit libre, et sans insister je m'y suis allongé. J'étais las des événements de la journée, las de penser. Je voulais dormir, et j'ai dormi du sommeil du juste.

Le lendemain matin, réveil au son des verrous qui claquent. Les gardiens nous apportaient le petit déjeuner : café au lait avec un morceau de pain. Le pain était réellement du pain, mais la mixture était indéfinissable.

Dans le courant de la matinée, un gardien m'accompagna à l'anthropométrie. J'ai apposé mes doigts les uns après les autres sur un registre puis on me prit l'empreinte de ma main entière. J'avais plein d'encre sur ma paume, et il n'y avait qu'un bout de chiffon accroché au mur pour s'essuyer. Un chiffon qui avait dû en essuyer des mains de « malfrats » ! Il était dans un état pitoyable. Au lieu de me nettoyer, il acheva de souiller ce qui restait de propre. On me conduisit ensuite chez le photographe. Photo de face, de profil, puis ce furent les mesures, longueur du corps, longueur du nez, etc. Un type me détaillait sous toutes les coutures, indiquant tous les signes particuliers de mon anatomie, pendant qu'un scribouillard prenait des notes. En récompense de ma docilité, on m'affubla d'un matricule, puis ce fut le retour dans ma cellule.

Au repas de midi, on nous apporta les restes du dîner de la veille, c'est-à-dire une tranche de pain avec une crème de gruyère. Mes deux compagnons de cellule ne parlaient guère plus que moi. Je ne savais pas qui ils étaient, ni pourquoi ils étaient là. Nous étions chacun de notre côté, enlisés dans nos réflexions. Nous sommes restés jusqu'au soir à attendre qu'il se passe quelque chose, mais rien n'arriva. Au dîner, on nous apporta les restes du repas de midi, je vous fais grâce du menu, ce serait trop long. La dernière bouchée du dessert avalée, un gardien vint me chercher. Je suis allé récupérer ma seule richesse : mes lacets. J'ai signé la reprise en charge de mon bien, puis on me conduisit dans la cour du dépôt dans laquelle étaient stationnés plusieurs fourgons. Je montai dans l'un d'eux, qui attendait les portières arrière grandes ouvertes.

À l'intérieur, trois garçons de mon âge étaient assis sous la bonne garde d'un maton. Je pris place. Les portières du fourgon furent verrouillées et le véhicule se mit en branle. Nous sommes sortis par le quai des Orfèvres. Il faisait nuit, mais il n'était pas tard. Le fourgon quitta Paris, emprunta l'autoroute du Sud. Nous sommes passés à Orly. Le voyage était presque terminé. Le véhicule s'arrêta bientôt devant un porche qui s'ouvrit aussitôt pour nous laisser le passage. Il redémarra, entra dans la cour, alla se garer sur la droite. Nous sommes descendus les uns après les autres. Mes compagnons de voyage me quittèrent à ce moment-là. Apparemment, ils étaient anciens dans ce centre. J'apprendrais plus tard qu'ils avaient été à Paris pour l'instruction de leurs dossiers.

Le maton qui avait voyagé avec nous me conduisit au service des entrées, un petit bureau situé à côté du porche. Les formalités terminées, un éducateur me prit en charge. Nous avons été dans un bâtiment situé au fond de la cour.

Le hall où je venais de pénétrer était en carrelage blanc. Tout y était blanc, comme à l'hôpital et à Denfert. L'éducateur m'adressa enfin la parole pour la première fois :

– Fous-toi à poil !

Le ton était sec et n'autorisait aucune réplique de ma part. Sans discuter, je me suis dévêtu. Il me fit faire un paquet de mes vêtements, puis il me montra la douche.

Je me suis lavé. J'obéissais et je n'ouvrais pas la bouche. Lorsque ma toilette fut terminée, j'ai revêtu la tenue des pensionnaires de l'établissement. Outre le linge de corps, j'avais un bleu de travail composé d'un pantalon et d'une veste, ainsi qu'une paire de galoches.

Pendant que je me lavais, l'éducateur avait appelé un jeune garçon qui arriva affublé du même costume que le mien. Il venait me couper les cheveux. Le résultat de son œuvre me fit un coup au cœur. J'étais arrivé les cheveux tombant sur mes épaules, et je me retrouvais avec un genre de brosse d'un centimètre d'épaisseur sur mon crâne. Il n'y avait pas de miroir, mais je n'avais pas de mal à imaginer la tête que je devais avoir. La coupe terminée, le gars disparut et je me retrouvai seul avec mon gardien qui me fit monter au premier étage et m'enferma dans une cellule, seul une fois de plus.

Cette pièce exiguë, fermée par une porte verrouillée avec un judas en décoration et une fenêtre protégée par des barreaux, ne comportait pour seul mobilier qu'un lit. Un lit, sur lequel dans la journée je n'avais ni le droit de me coucher ni le droit de m'asseoir. J'avais l'impression d'être surveillé constamment. Je regardais désespérément la porte close, mais qui laissait apparaître régulièrement une paire d'yeux qui m'observait. Je marchais de long en large, les mains dans le dos, et chaque minute me semblait une éternité. Je suis resté une semaine à méditer, exposé aux regards qui me scrutaient. Les repas étaient normaux et l'on me servait dans ma cellule. Je sortais pour aller aux toilettes ; il me suffisait de frapper à la porte, et l'on m'ouvrait sans difficulté. Mes seules vraies sorties furent pour passer une visite médicale, et deux fois devant une femme psychologue. Cette dernière me faisait jouer avec des cubes, dessiner, me posait des tas de questions sur ma famille, ma vie, les choses que j'aimais et celles que je n'aimais pas. Elle parlait peu. Elle m'observait continuellement, me demandait des choses bizarres. Elle me montrait par exemple une image représentant un pommier, avec une pomme suspendue à une branche. Je n'avais aucun mal à reconnaître ce fruit. Après, elle me demandait d'imaginer ce que j'aimerais voir à la place de cette pomme accrochée à l'arbre. Pour lui faire plaisir, je lui donnais le nom d'un autre fruit, mais ces questions me paraissaient pour le moins insolites.

J'étais plein d'espoir lorsque l'on m'annonça que la psychologue désirait me voir une dernière fois. Je m'accrochais à l'idée qu'elle allait faire quelque chose pour me sortir de là. J'étais persuadé qu'elle avait trouvé que ma place n'était pas ici, que puisque je n'avais rien fait de mal, je ne méritais pas d'être enfermé. Je fus bien déçu : en fait, ces séances, je l'appris plus tard, servaient de test pour savoir dans quel pavillon on devait m'affecter.

Le centre était en fait un groupement de plusieurs baraques portant des noms de provinces françaises. Nous étions au total cent quatre-vingts enfants, dispersés dans ces différents pavillons, par groupes d'une trentaine. Je fus affecté au pavillon « Provence ».

Un éducateur m'accompagna dans ma nouvelle résidence. Nous avons traversé toute la cour, car le pavillon était situé tout au fond du centre. En arrivant devant la porte, l'éducateur frappa. Celui qui était à l'intérieur ouvrit la porte et me fit entrer, tandis que mon accompagnateur repartait.

L'homme qui m'avait ouvert devait avoir une cinquantaine d'années. Il était petit et gros, vêtu d'une blouse grise, une casquette de marin perchée sur son crâne. Quand il marchait, on entendait tinter ses clés. Il m'emmena aussitôt dans la partie gauche du bâtiment. Là étaient alignés les lits et les armoires de rangement. Les rangées de lits étaient séparées par des cloisons en bois. Au milieu de la chambrée trônait un poêle à charbon. Il me montra où se trouvaient mon lit, les vécés et les lavabos, puis il m'emmena dans la partie droite du bâtiment, où étaient réunis mes compagnons de chambrée. Ils étaient installés autour des tables qui meublaient la pièce. Certains lisaient, d'autres jouaient aux cartes, d'autres encore discutaient. Mon entrée mit fin à leurs activités. L'éducateur me quitta à cet instant. Quelques gars se mirent à chuchoter sur mon compte, tandis que d'autres m'interpellèrent :

– Eh, toi ! Comment qu'c'est ton nom ?

– Je m'appelle Jean.

– Pourquoi qu't'es là ?

– J'sais pas, j'crois que c'est à cause de ma mère.

– C'est pour ta vieille ? Ça m'étonne pas, c'est toutes des salopes !

– Ma vieille c'est pareil, elle pouvait pas m'piffer !

– Et toi, qu'est-ce que t'as fait ? demandai-je pour suivre la conversation.

– Moi, j'y ai foutu ma main à travers la gueule ! Tu comprends, c'est une pute, enfin, j'vais pas t'faire un dessin.

– Moi, j'ai piqué une bagnole et j'me suis fait pincer par les poulagat. Ah, les enfoirés, ils m'ont pas loupé !

– Moi, j'piquais les sacs aux vioques dans la rue. J'passais à côté d'elles en courant, et j'leur arrachais du bras. Y a un connard, un empaffé qui passait, il m'a coursé et m'a emmené aux bourres. Alors, tu parles, j'me suis retrouvé ici, j'ai pas eu l'temps d'dire ouf !

– Et toi, t'as bien fait quelque chose pour être avec nous ? me demanda l'un des gars.

– Non, j'ai rien fait. Peut-être que c'est parce que j'traînais toujours dans les rues la nuit, mais c'est ma mère qui me disait de sortir et des fois, j'pouvais pas rentrer me coucher chez moi. J'y comprends rien. Avant, elle m'avait foutu à l'Assistance parc'qu'elle voulait plus de moi, là, elle a dû faire pareil !

– Ah, l'enculée ! Tu parles d'une ordure ! Elle t'a pas fait d'cadeaux, la salope !

– Tu vas voir, ici t'as intérêt à filer doux, sinon tu vas t'faire mater la gueule, c'est moi qui t'le dis !

– Et ton père, y dit rien ?

– Mon père, j'sais pas où il est ! Enfin, j'crois qu'il est à Sainte-Anne. Il était tout le temps bourré. S'il était toujours avec ma mère, ça s'passerait pas pareil.

Maintenant, elle est avec un Arabe. Y a qu'lui qui compte, nous, on est d'la merde !

– Tu parles d'une salope !

– Moi, si ma mère se f'sait sauter par un Arabe, j'y f'rais la peau. J'pourrais pas encaisser une chose pareille, c'est pas possible ! Elle peut s'envoyer tous les mecs qu'elle veut, mais pas ça !

La conversation était très animée. Chacun donnait son avis sur la situation. En peu de temps, j'appris ce que chacun avait fait ou pas fait pour atterrir au centre. Il n'était pas question pour moi de minauder ou de faire attention à mon langage. Dès les premiers instants, je compris que, pour être admis, mon parler devait être identique au leur.

Dans la chambrée, il y avait plusieurs sortes de gars. Il y avait les forts, ceux qui faisaient leur petite loi, et les faibles, qui subissaient les forts. Il fallait que je me fasse une place, et je me la suis faite à coups de poing. Je ne voulais pas être le larbin des caïds, et ces derniers m'ont rapidement accepté dans leur clan.

Le sujet de conversation qui revenait le plus souvent était basé sur les projets d'évasion. Tout le monde y pensait et en parlait. La plupart des gars étaient passés au tribunal et connaissaient leur temps de détention. Les autres attendaient leur jugement. Mais tous, sans exception, rêvaient du jour où ils se feraient la belle. J'y ai pensé dès mon arrivée au pavillon, mais il me fallait attendre et voir ce qui se passait dans l'établissement.

Je pris les habitudes du centre. Nous étions réveillés à six heures trente du matin. Dès que le gardien de nuit nous réveillait, nous sautions du lit et allions faire notre toilette. Pendant que nous dressions le couvert du petit déjeuner, deux gars du pavillon, volontaires par fayotage, allaient chercher la nourriture. Nous déjeunions, puis faisions notre vaisselle. Nous avions un éducateur en permanence avec nous. C'était lui qui ouvrait et fermait la porte d'entrée. Il nous laissait parler à notre guise, mais nous lui devions une obéissance absolue sous peine de sanctions.

Nous faisions notre lit et remettions en ordre la partie du bâtiment qui faisait office de dortoir. Il fallait faire très vite, car à sept heures trente, tout devait être terminé. Nous sortions alors, en colonne par deux, pour nous rendre au rassemblement, qui avait lieu autour du drapeau français flottant au vent, au bout d'un mât, au milieu de la cour. Chaque groupe venant des différents pavillons se plaçait autour du mât, sur deux rangées. Le directeur faisait alors son apparition.

– Garde-à-vous ! criait-il.

Nous claquions des talons en relevant la tête, les bras plaqués le long du corps. C'était le salut au drapeau. Quelques secondes après, de chaque groupe, un gars sortait du rang, un tabouret à la main. Les tabourets posés au sol, le directeur tirait une liste de sa poche et nommait les gars qui y étaient inscrits. Les pensionnaires appelés s'approchaient des tabourets. Les garçons qui faisaient office de coiffeurs arrivaient avec leur outillage et tondaient à ras les crânes des punis.

Le directeur, pendant cette opération, faisait un sermon sur la bonne conduite nécessaire à observer pour éviter toutes représailles. Tout se passait très vite. Les ciseaux commençaient le travail et le rasoir finissait grosso modo la tonte. La besogne était bâclée, et le résultat épouvantable.

Venait ensuite la distribution du courrier et des cigarettes. Certains étaient punis de l'un ou de l'autre, ou des deux. Nous avions droit chacun à cinq cigarettes par jour. L'éducateur responsable d'un pavillon prenait les cartouches de Gauloises et le paquet de courrier. La cérémonie était terminée, nous rentrions toujours en colonne par deux et marchant au pas dans nos bâtiments respectifs. Notre éducateur nous faisait alors la distribution individuelle du tabac et des lettres.

Cette petite récréation était de courte durée. Nous avions une tâche importante à accomplir : l'entretien du parquet. Toute la chambrée y participait. Le sol des pavillons était entièrement recouvert de parquet. Nous devions ôter les taches à la paille de fer, puis cirer et faire reluire. La surface était assez grande pour que tout le monde soit occupé en même temps. Quelquefois, des bagarres éclataient pendant l'astiquage. Il suffisait d'une simple bousculade pour que la hache de guerre soit déterrée. Parfois, la rigolade était dans l'air, et le travail se déroulait dans la bonne humeur. Lorsque l'éducateur relâchait sa surveillance, nous en profitions pour faire le ménage d'une façon fantaisiste. Le plus grand amusement que nous avions était de piquer la couverture d'un fayot du pavillon. Nous la mettions par terre et un gars s'asseyait dessus tandis que deux autres prenaient chacun un coin du tissu et l'entraînaient dans tous les sens, afin de faire briller le parquet avec un minimum de fatigue. L'essentiel était que le sol reluise, et tant pis pour la couverture qui se retrouvait dans un piteux état. Son propriétaire ne disait rien, car il avait trop peur de se prendre une rouste ou d'être l'objet de représailles de notre part. Tout était permis à condition de ne pas se faire prendre.

Après le nettoyage du sol, nous avions quartier libre au sein du pavillon. Nous faisions des jeux de société, nous lisions, nous discutions, bref, nous laissions passer le temps jusqu'au repas de midi. Quand l'heure sonnait, deux gars allaient chercher la cantine, comme le matin, pendant que nous dressions le couvert. Après le repas, nous faisions la vaisselle.

L'après-midi, nous allions faire du sport. Une bonne séance de gymnastique nous permettait de garder la forme, et quelques matchs de football de temps en temps de décharger notre agressivité. Le sport se pratiquait pavillon par pavillon. Nous nous rencontrions rarement, en dehors du salut au drapeau.

Le soir, le dîner se passait dans les mêmes conditions que les autres repas, puis nous allions nous coucher. Nous avions un nouvel éducateur, qui venait relever celui de la journée. Le gardien de nuit ne se couchait pas, il restait dans la salle de réfectoire pendant notre sommeil.

Le samedi, il y avait parloir, c'est-à-dire que nous pouvions recevoir des visites. Cela se passait dans une salle spéciale. Les punis de la semaine étaient privés de parloir. Une punition très mal supportée par les gars. Ils encaissaient mieux d'avoir la boule à zéro, que d'être privés de parloir.

Je n'avais jamais de visite, et pourtant, toutes les semaines, j'attendais. Lorsque le samedi arrivait, je constatais, une fois de plus, que l'on ne m'avait pas nommé pour le parloir. J'avais alors un moment de tristesse, mais rapidement je me rassurais en pensant que samedi prochain, peut-être... Mais le samedi suivant et les autres me laissaient à l'abandon. Le courrier me manquait moins que les visites. Je savais que ma mère n'écrivait jamais, il n'y avait aucun espoir de ce côté-là. Mais pourquoi ne venait-elle pas me voir ? Pourquoi ?

Noël approchait. Il y avait environ deux mois que j'étais dans le centre. J'étais toujours sans nouvelles et sans visites. Ma patience et mon optimisme déclinaient à vue d'œil. Les idées d'évasion s'insinuaient peu à peu dans mon esprit. Pour s'échapper, le moment le plus propice semblait être pour tout le monde les matchs de football. Le terrain était à l'extérieur du centre et entouré de champs. Il n'y avait pas de mur, ni de grillage. En somme, la liberté nous tendait les bras. Le gros problème, car il fallait bien qu'il y en ait un, c'était que nous étions surveillés étroitement dans ces moments-là. Certains avaient tenté leur chance mais ils s'étaient fait coincer, et les représailles avaient refroidi les plus audacieux.

J'estimais, quant à moi, que l'idéal serait de m'enfuir de l'intérieur du centre, puisque la surveillance y était moins accentuée. Il y avait un mur d'enceinte, mais sa hauteur ne me faisait plus peur... Il ne restait plus qu'à trouver le moment idéal.

Je n'avais pas envie de m'enfuir avec d'autres compagnons ; aussi étais-je limité dans mes observations et mes idées, puisque je ne pouvais les partager avec les copains qui n'auraient pas compris et m'auraient pris pour un salaud. Je me décidai pour le 22 décembre 1960. La date me semblait bonne, les fêtes de Noël approchaient, et je comptais réussir afin de passer le réveillon chez ma mère.

Chaque matin, avant que l'éducateur du service de nuit réveille la chambrée, il faisait lever un gars (fayot par excellence) pour s'occuper de la corvée de chauffage. Nous avions deux chaudières à charbon, dont une située dans la salle commune, et l'autre dans le dortoir. Ce gars sortait seul à l'extérieur du pavillon pour remplir les seaux de combustible. Le charbon était entreposé dans un coffre, à côté de la porte d'entrée. À cette heure matinale, il n'y avait aucun risque de se faire voir, la cour étant vide, et le pavillon situé en retrait, au fond du centre, sans vis-à-vis. J'étais certain que mon idée était la bonne, seulement il me fallait convaincre le gars de corvée de charbon de me céder sa place. Pour cela, il fallait que je l'achète et, au besoin, que je lui fasse peur avec des menaces, si cela s'avérait nécessaire.

Donc, le soir du 21 décembre, je suis allé trouver le gars en question.

– Écoute, j'ai un service à te demander ! lui ai-je dit.

– Qu'est-ce que tu me veux ? répondit le gars, inquiet.

– Demain matin, quand l'éduc viendra t'éveiller, tu diras que t'es malade et qu'tu te portes consultant. En échange, j'te file un balot (un paquet de cigarettes). Ça marche ?

– Pourquoi tu fais ça ? Tu veux t'faire la belle ? Tu veux assister à la messe de minuit à Notre-Dame ?

– T'occupe ! Pose pas de questions et ferme ton bec, si tu veux pas qu'il t'arrive des emmerdes. D'accord ?

– D'accord. Mais tu m'files le balot tout de suite !

– Tiens, le v'là.

– Amuse-toi bien, veinard !

Lorsque je me suis couché ce soir-là, j'étais surexcité. Il n'était pas question que je m'endorme, car je devais être éveillé au moment où l'éducateur viendrait chercher mon complice. Je n'avais pas de montre, il n'y avait pas d'horloge dans la chambre pour m'indiquer l'heure, et l'attente me crispait. La nuit était interminable. Parfois, je sentais le sommeil me gagner et je luttais de toutes mes forces. Mes paupières étaient lourdes. Je ne cessais de me tourner et retourner dans mon lit, pour ne pas succomber à l'engourdissement. J'entendais l'éducateur se mouvoir dans la salle commune. Un léger filet de lumière filtrait au-dessous de la porte de la chambre. Je le regardais inlassablement, guettant l'ombre de l'éducateur. Quand enfin il vint réveiller le préposé au charbon, je me tenais prêt. J'entendis le gars répondre doucement :

– J'me sens pas bien, chef, je vais me porter consultant.

Avant que l'éducateur puisse articuler un mot, je m'assis brusquement sur mon lit.

– Chef ! J'peux y aller si vous voulez !

– Bon, lève-toi et remplace-le, me répondit-il.

D'un bond, j'étais au pied de mon lit. Je me suis habillé à toute allure et me suis mis à la tâche immédiatement. J'ai commencé par vider les cendres de la chaudière de la chambre. Puis, j'ai fait la même opération avec celles de la salle. Ensuite, j'ai préparé le papier et le petit bois d'allumage, que j'ai placés dans chacun des foyers. L'éducateur me suivait partout. Il me regardait faire sans parler. La préparation terminée, je pris mon seau à charbon et me dirigeai vers la porte d'entrée du pavillon. L'éducateur passa devant moi, m'ouvrit la porte, me laissa le passage, puis s'adossa au chambranle.

Je me suis agenouillé sur le sol et, lentement, j'ai rempli mon seau. Tout en faisant ça, je guettais discrètement. D'où j'étais, je n'apercevais que les pieds de l'éducateur. Mon cœur avait des ratés. L'éducateur ne bougeait pas. Je ralentis légèrement mes mouvements.

Soudain, les pieds disparurent. Je m'assurai, en me penchant, qu'il était bien rentré à l'intérieur du pavillon. Il n'était plus là, j'étais sauvé. J'ai alors lâché ma pelle, et j'ai détalé à toutes jambes le long du baraquement, jusqu'au mur d'enceinte que j'ai escaladé sans jeter un regard derrière moi. J'étais gonflé à bloc. D'un bond, j'ai sauté de l'autre côté du mur et j'ai pris la clé des champs. J'ai couru sans m'arrêter jusqu'au premier fossé qui se trouvait sur mon chemin. Je m'y suis laissé choir pour reprendre mon souffle et profiter de cette occasion pour m'assurer que personne n'était à mes trousses.

J'ai repris ma course folle vers la liberté. Mon premier objectif était de trouver un terrain moins à découvert que ces champs, immenses étendues d'où l'on pouvait me repérer à une lieue à la ronde. Je savais la direction qu'il me fallait prendre pour aller à Paris, d'ailleurs tous les gars du centre connaissaient la direction de la « Grande Ville ». Le plus gros inconvénient était ma tenue vestimentaire. Il me fallait donc éviter les routes et les villes, ce que je fis avec allégresse, les kilomètres supplémentaires comptant si peu pour moi. Je serais passé par Marseille pour aller à Paris, si cela s'était avéré nécessaire.

En arrivant près de l'aéroport d'Orly, j'empruntai l'autoroute. Je suis passé sous les voies et, aussitôt après, j'ai quitté l'autoroute pour traverser la grande banlieue. J'étais suffisamment éloigné de Savigny, désormais, pour m'aventurer dans les villes que j'avais à traverser. Elles se succédaient les unes aux autres : Thiais, Chevilly-Larue, L'Haÿ-les-Roses, Villejuif, Arcueil, Le Kremlin-Bicêtre et, enfin, la Porte d'Italie. J'étais crevé. Je me suis alors jeté dans le premier taxi que j'ai trouvé. Le chauffeur, ahuri par ma façon un peu cavalière de prendre place dans son véhicule, mit son moteur en marche, après un instant d'hésitation. Il me conduisit chez ma mère à Levallois.

Je n'avais pas d'argent sur moi et, quand la voiture stoppa devant mon domicile, je demandai au chauffeur de bien vouloir m'attendre un instant. Il ne fit aucune objection, et je grimpai aussitôt au quatrième étage, en souhaitant de toutes mes forces que ma mère soit là, car, dans le cas contraire, je risquais de me retrouver au commissariat plus vite que prévu. Mais la chance était avec moi. Vous dire la tête qu'a fait ma mère en me voyant, c'est impossible. On eût dit que le ciel lui était tombé sur la tête. Et quand je lui ai dit qu'un taxi était en bas, et qu'il fallait descendre le régler, les bras lui en sont tombés. Avec un énorme soupir de lassitude, elle prit son porte-monnaie et descendit payer la note.

Quand elle revint, elle s'arrêta sur le pas de la porte.

– Qu'est-ce que tu fais là ? me demanda-t-elle, visiblement mécontente.

– J'me suis sauvé, j'en avais marre !

– Mais qu'est-ce que je vais faire de toi ? Tu t'rends pas compte ! Tu ne resteras donc jamais tranquille ! Mais qu'est-ce que j'ai fait au bon Dieu, pour être emmerdée comme ça !

– Dis maman, j'peux rester ? J'pouvais plus attendre... Je croyais que tu viendrais me voir... que tu me laisserais pas dans cette taule... que tu...

– Mais tu crois que j'ai que ça à faire ! J'ai d'autres soucis, imagine-toi ! Il faut toujours que tu fasses des conneries, que tu fasses chier le monde, j'en ai assez, tu comprends ! Assez ! Assez ! Assez ! J'aurai donc jamais la paix !

– M'man, je veux rester avec toi. Je t'embêterai pas... mais j'veux plus aller là-bas... C'est une prison... Et j'ai rien fait pour aller en prison... J't'en prie m'man...

J'aurais voulu lui sauter au cou, la supplier à genoux, lui baiser les pieds, perdre ma dignité, faire n'importe quoi pour qu'elle me garde. Mais son regard me glaçait. J'étais paralysé. J'attendais un signe, un geste, un mot, j'étais suspendu à ses lèvres.

– Tu peux rester pour le moment, dit-elle en me tournant le dos, mais je te préviens que ça ne durera pas ! Te fais pas d'illusions mon vieux, tu pourras pas rester ici.

Enfin, elle acceptait que je reste. J'étais heureux malgré le peu d'empressement qu'elle venait de manifester, mettant sa réaction sur l'effet de surprise que j'avais provoqué. Je pouvais rester à la maison, cela seul comptait.

Ma mère me prépara à manger. Elle faisait la tête, c'était évident, mais il fallait bien qu'elle s'habitue à ma présence. Je me suis couché après m'être rassasié, épuisé par ma folle randonnée et la nuit blanche que je venais de passer. Je sombrai rapidement dans un profond sommeil. Ma mère me réveilla le soir pour dîner. Hariss ne parla pas pendant le repas. Je craignais qu'il me fasse des reproches, mais il se tut. Le repas terminé, je me suis recouché. Je reprenais possession de la chambre voisine où je vivais avant. Je n'ai pas eu besoin de berceuse pour me rendormir, je me sentais encore bien las.

Je dormais d'un sommeil profond, quand j'entendis frapper à une porte. Ce bruit confus tout d'abord résonna ensuite nettement dans ma tête. Il faisait nuit noire. J'entendis marcher dans la chambre voisine, puis une porte s'ouvrit.

– Bonjour, messieurs, dit clairement ma mère.

– Bonjour, madame.

– Vous venez chercher mon fils ?

– Oui. Il est toujours chez vous ?

– Évidemment ! Mais ne faites pas de bruit, il dort dans la chambre à côté.

Je n'en croyais pas mes oreilles. Ma mère avait prévenu les flics que j'étais chez elle. Jamais je n'aurais imaginé une chose pareille. Ma mère pénétra aussitôt dans la chambre suivie de deux inspecteurs. Je n'avais pas bougé de mon lit, je les attendais.

– Allez, Chassang ! Debout, on t'embarque !

Le ton était sec, j'ai obtempéré sans discuter. J'ai saisi mes vêtements et me suis habillé. Dans le même temps, je faisais travailler ma matière grise, afin de trouver le moyen de me sortir de cette impasse. Ma mère avait son air mélodramatique, en bonne hypocrite qu'elle était. Elle était gonflée de pleurnicher, alors que c'était elle qui avait averti les flics. Les inspecteurs, pas du tout impressionnés par le cinéma de ma mère, m'attendaient de pied ferme. J'étais à peine vêtu qu'ils m'empoignèrent les bras. D'un geste brusque, je me dégageai et allai chercher refuge derrière l'armoire, à côté de la fenêtre. Il y avait peu de place, mais je m'y glissai sans trop de difficulté. J'ai agrippé l'armoire, de toutes mes forces, en voyant les inspecteurs se précipiter sur moi. Ils me tirèrent par les cheveux, par les bras et les vêtements, mais je ne lâchai pas prise. Ils tirèrent tant et si bien que l'armoire bascula sur le sol dans un fracas épouvantable. D'un bond, je me retournai et ouvris la fenêtre qui était entrouverte. J'enjambai la balustrade. Les flics étaient à nouveau sur moi. Je regardais le vide au-dessous de moi, mais je n'avais pas plus envie de sauter que de me laisser embarquer.

– Que cherches-tu à faire ? me dit un flic. On ne veut pas te faire de mal, alors suis-nous sans faire d'histoires !

– Allez vous faire foutre !

– Ça ne sert à rien de t'obstiner ! D'une manière ou d'une autre, tu finiras par venir avec nous, alors il vaut mieux que ce soit tout de suite.

– Si vous voulez que je vienne, il faut que vous me lâchiez !

– Bon, si on te lâche, tu ne feras pas de conneries ?

– Non, j'veux pas qu'on me tienne, c'est tout !

Les inspecteurs me lâchèrent aussitôt. Mes bras étaient endoloris. Je regardai ma mère. Elle me lança un regard noir de reproches. J'étais dégoûté. Elle n'avait pas prononcé un mot pour me défendre.

Les flics sortirent de la chambre et je leur emboîtai le pas. Je suis passé devant ma mère, sans même lui jeter un regard. Nous commençâmes à descendre l'escalier calmement. Puis, soudain, je leur faussai compagnie. Ce que je n'avais pas prévu, c'est qu'il y avait un autre flic sur le palier de l'étage inférieur. Je lui suis littéralement tombé dans les bras. Mes deux anges gardiens me retombèrent dessus et me tordirent les bras en arrière. Je me mis à hurler de douleur et de rage, mais ils ne lâchèrent pas prise, jusque dans la rue. Là, une voiture nous attendait, pour nous mener au commissariat.

Cette fois, l'accueil fut bien différent des autres fois. On m'enferma derrière les grilles, en attendant que je sois entendu par un inspecteur chargé d'établir le procès-verbal.

– Qu'est-ce qu'il t'a pris de te sauver de Savigny ?

– J'en avais marre.

– Ça veut dire quoi, j'en avais marre ?

– J'voulais plus y rester, c'est tout, j'ai rien fait !

– T'as rien fait ! Allons... On connaît ta famille, mon p'tit gars !

– Ma famille ! Qu'est-ce qu'elle vous a fait, ma famille ? En tout cas, je sais que moi je n'ai rien fait, alors il n'y a pas de raison pour m'envoyer à Savigny !

– Alors là, c'est pas à toi de décider... Ni à moi d'ailleurs.

– C'est le juge qui commande et tu n'as qu'à t'incliner. Fallait te tenir tranquille, tu serais chez toi en ce moment !

– Mais j'ai rien fait, j'vous dis ! C'est ma mère ! C'est elle qui m'a envoyé là-bas, et j'veux plus y retourner !

– Calme-toi, calme-toi. As-tu eu des complices dans le centre pour t'évader ?

– Non. Personne m'a aidé, j'me suis débrouillé seul.

– Comment t'as fait pour venir à Paris ?

– J'suis venu à pinces !

– Tu crois pas que t'as été un peu vite pour rentrer chez toi ?

– T'aurais peut-être emprunté un vélo ou une Mobylette, pour aller plus vite !

– Mais puisque j'vous dis que je suis venu à pinces. Évidemment, c'était pas une promenade, j'ai couru presque tout le long de la route. Après, j'ai pris un taxi à la Porte d'Italie parce que j'étais crevé.

– J'comprends, j'comprends, et ton taxi, tu l'as réglé avec tes économies !

– Ma parole, mais vous ne comprenez rien ! C'est ma mère qui a payé le taxi, moi j'ai pas d'pognon !

– Ah, bon ! C'est ta mère ! Alors elle savait que t'allais te barrer de Savigny, si je comprends bien ?

– Comment vouliez-vous qu'elle le sache, elle est jamais venu me voir. C'est quand je suis arrivé à la maison, que j'ai été la chercher pour qu'elle vienne payer le mec.

– Heureusement qu'elle était là, sinon t'aurais pas pu revoir ta mère, car on t'aurait coffré immédiatement.

De toute façon, pour ce que ça change, tu devais bien te douter que t'allais te faire pincer ?

– Non. J'pensais que je pourrais rester chez ma mère, mais elle veut pas...

– Bon. Maintenant, tu vas être transféré au dépôt. Tu ferais bien de te tenir peinard désormais, ça vaudra mieux pour tout le monde.

Au début de l'après-midi, le fourgon vint me prendre et me conduisit au dépôt. Le même cirque que deux mois auparavant recommença. Je n'ai pas moisi longtemps dans la « souricière », car peu après dîner je fus transféré à Savigny. Je commençai à paniquer en pensant à la réception que j'allais avoir. Les gars du centre m'avaient expliqué le sort des fuyards, et je n'étais pas rassuré. Si, jusqu'à ce moment, je n'y avais pas trop pensé, l'approche de mon retour au bercail m'obligeait à voir les choses en face. Fini de jouer les braves ! Les éducateurs, c'étaient pas des flics ! Parce que, il faut bien le préciser, les éducateurs, côté sentiments, ils avaient été oubliés dans la distribution céleste ! Alors, avec eux, pas de cadeaux à attendre, si ce n'est des coups de poing dans la gueule !

Quand le fourgon s'arrêta devant le porche de Savigny, l'angoisse et la peur m'étreignaient la nuque. Le fourgon fit un dernier effort pour passer le porche et stoppa dans la cour. Les portes s'ouvrirent aussitôt et deux éducateurs se précipitèrent sur moi, pour m'éjecter du véhicule. Les injures fusaient de toute part.

– Fils de pute ! On va te mater la gueule !

– Sale ordure, tu vas t'en souvenir !

– Enculé ! Tas de merde ! Fils de chienne !

Arrivé dans le bureau, on me fit retirer mes chaussures puis vider mes poches. Occupé par cette opération, je ne vis pas arriver le coup de poing qui s'écrasa sur mon visage. Sous le choc, je fus projeté sur le mur. Je me suis alors laissé glisser sur le sol et me suis recroquevillé sur moi-même pour mieux me protéger contre mes agresseurs. Mais, déjà, deux brutes me soulevaient de terre, tandis que le troisième m'assenait un coup de poing à l'estomac. Je m'affalai sur le sol, plié en deux par la douleur. J'avais envie de hurler, mais j'avais si peur que ces sauvages me retombent dessus, qu'il valait mieux que je m'étouffe.

Satisfaits de leur besogne, ils me soulevèrent à nouveau de terre par les épaules et me conduisirent au mitard. Dans la cour, il n'y avait pas un chat. Les seuls gars que j'aperçus furent ceux qui travaillaient aux cuisines, car la porte d'entrée du mitard donnait sur les cuisines.

La porte d'un cachot s'ouvrit devant moi, et les éducateurs me jetèrent à l'intérieur, tel un vulgaire paquet de linge sale. Un peu étourdi par le choc, je repris très vite mes esprits et relevai la tête en direction de la porte. Mais non, ils n'étaient pas partis. Je vis mes deux anges gardiens, debout jambes écartées, les poings sur les hanches, le torse bombé, qui me regardaient avec un sourire narquois.

– Déshabille-toi ! me dit l'un d'eux.

Avec bien des difficultés, je me suis relevé, puis j'ai ôté ma veste et mon pantalon. Je les ai roulés ensemble et leur ai tendus.

– Ta chemise ! Et plus vite que ça ! grogna l'un d'eux.

Je leur ai donc donné aussi ma chemise et me suis retrouvé en slip et en tricot de corps par un froid glacial, le soir du réveillon de Noël. Quelle belle fête j'allais passer !

Je fis une inspection rapide des lieux. Il n'y avait pas grand-chose à voir entre ces quatre murs, si ce n'est un lit dont le sommier était en ciment, le matelas en ciment, le polochon en ciment. Au pied de ce lit de douceur, une couverture pliée m'attendait. Je m'enroulai immédiatement autour du corps ce lainage qui avait dû réchauffer tant d'autres paumés avant moi et m'installai sur le pied du lit en attendant la suite des événements.

Une lumière blafarde s'échappait d'une ampoule pendue au plafond, protégée par un grillage. La cellule avait aussi une fenêtre assez élevée, avec des barreaux à l'extérieur. Ma couverture avait bien du mal à me réchauffer, car je tremblais encore de tous mes membres. Sans doute que ces tremblements n'étaient pas provoqués uniquement par le froid, toujours est-il que je ne me sentais pas bien. De ma retraite, j'entendis bientôt quelques sons diffus de la fête qui avait été organisée pour le réveillon. Je ne regrettais pas d'en être exclu, j'étais habitué à être tenu à l'écart pour ce genre d'événements. Je repensais à mon dernier réveillon à la ferme, en compagnie de la vache qui devait vêler. Elle était chouette cette vache, une brave bête sans méchanceté qui ne me prenait pas pour un pestiféré. Ce qui me manquait le plus à ce moment-là, c'était une bonne cigarette. Hélas, je n'en avais pas. Alors, il ne me restait plus qu'à dormir en attendant de comparaître devant le directeur du centre.

Tôt le matin, un maton m'apporta un bol de café au lait, ainsi que mes vêtements. J'avais peu dormi. La nuit m'avait semblé bien longue. J'avais compté les heures, ponctuées par le passage d'un gardien qui venait m'observer au judas de la porte.

Peu de temps après, le maton revint avec un gars du centre qui faisait office de coiffeur. Je sortis de ma cellule pour aller m'asseoir sur un tabouret, au milieu du couloir. Il me mit la boule à zéro. Je retournai alors dans ma cellule, la gorge serrée. Ce fut une rude épreuve. Je n'osais pas me passer la main sur la tête, tant j'avais honte. Je n'eus que peu de temps pour me morfondre sur mon sort, le maton revint, accompagné d'un compère. Ils me saisirent par les bras et me conduisirent ainsi bureau du directeur.

Le bureau, pour cette occasion, servait de prétoire. Le directeur était le président du tribunal, et les éducateurs présents les juges. Moi, j'étais l'accusé. Accusé de quoi ? Accusé d'avoir voulu revoir ma mère, accusé d'aimer la liberté, des fautes impardonnables en somme.

Le directeur, un homme petit, gras, les cheveux coupés en brosse, vêtu d'un costume gris, avait une cinquantaine d'années. Il m'attendait, debout, devant son bureau. Mes accompagnateurs m'amenèrent jusqu'à lui. J'avais au moins une tête de plus que lui. Nos regards se croisèrent. Comme je le regardais fixement, il me gifla.

– Garde-à-vous ! cria-t-il.

J'obéis. Le directeur fit le tour de son bureau et alla s'asseoir. J'avais un éducateur posté à ma droite et un autre à ma gauche, le troisième montait la garde devant la porte. J'avais une trouille incommensurable, mais j'essayais de rester calme, pour ne pas trop les contrarier.

– Alors Chassang, on veut jouer les héros ! Vous allez vous en souvenir ! J'en ai maté de plus forts que vous !

Il criait en brandissant son index sous mon nez.

– Baissez les yeux ! Insolent !

À peine avais-je baissé les paupières qu'une douleur vive me transperça les flancs. Un cri m'échappa, tandis que je me pliai en deux. L'éducateur qui venait de me frapper m'agrippa par l'épaule pour me redresser.

– Debout, enculé ! Et n'essaie pas de jouer au plus fin, j'pourrais t'écraser ta gueule de prétentieux ! me dit-il les dents serrées.

– Garde-à-vous ! hurla le directeur.

J'essayai de me maintenir debout. J'avais les yeux baissés et le corps secoué de tremblements.

– Qu'espériez-vous, en vous échappant ? Que vous ne reviendriez pas ici ? Vous vous imaginez que vous pouvez décider tout seul ? Vous vous croyez très fort, sans doute ? Répondez quand on vous parle !

ajouta le directeur en frappant d'un coup de règle sur son bureau.

– Je... J'voulais voir ma mère...

– Taisez vous, menteur !

– J'vous assure...

Un éducateur me coupa la parole :

– Tu vas la fermer ta gueule ! Tu vas la fermer, quand on te dit de te taire ! Tu raconteras ta petite histoire à d'autres, fumier ! Vermine !

Il m'avait attrapé le col de la chemise et le serrait à m'en couper la respiration. Son regard crachait de la haine, une haine démesurée. J'avais peur. Son hostilité envers moi était sans raison car je ne l'avais jamais vu, mais rien ne m'étonnait plus dans cette putain de vie. Je payais cher d'être de ce monde, j'aurais voulu être à dix pieds sous terre, pour ne plus voir cette méchanceté maladive que je déclenchais par ma seule présence.

– Chassang, nous allons appliquer le règlement, reprit le directeur, après l'intervention de l'éducateur.

– Tu sais c'que c'est le règlement, barbot d'mes deux ? me dit l'éducateur en me reprenant par le col.

– Non... Oui, m'sieur !

– On dit, oui, chef ! Je suis un chef ! Répète ! hurla-t-il.

– Oui, chef... Vous êtes un chef...

– Chassang, regardez-moi quand je vous parle, me dit le directeur.

– Oui, chef.

– Je ne suis pas un chef ! Je suis monsieur le directeur !

– T'as compris ce qu'on vient de te dire, abruti ! me dit l'éducateur.

– Oui, m'sieur l'directeur… Oh, pardon… Oui, chef…
D'un coup de poing magistral, il m'envoya à l'autre bout de la pièce. J'atterris sur l'éducateur qui gardait la porte. Celui-ci me releva et me frappa à l'estomac. Je suis alors tombé à genoux au milieu de l'arène. J'étais effectivement complètement abruti, ce que disait l'éducateur était juste. Je ne savais plus ce que je disais. Ils hurlaient tous dans mes oreilles et je ne savais plus à qui je devais répondre.

– Debout, Chassang ! Debout, quand je vous parle ! se remit à vociférer le directeur, qui debout et vert de rage était prêt à me sauter dessus.

– Garde-à-vous ! gueula un éducateur.

– Pour avoir relâché sa surveillance, le veilleur qui était responsable de vous a eu un blâme. Pour ce blâme, vous me ferez sept jours de mitard. Ça vous va ?

– Oui… m'sieur le directeur…

– Pour vous être évadé, vous me ferez sept autres jours, ça fera quatorze. Pendant ces quatorze jours, vous serez privé de courrier, de lecture et de cigarettes. Votre peine terminée, n'oubliez pas que vous serez l'objet d'une surveillance accrue et qu'il ne vous sera plus possible de recommencer. Messieurs, débarrassez-moi le plancher de ce vaurien ! La séance est levée.

Les éducateurs me prirent chacun par un bras et me ramenèrent au mitard. J'avais enfin un peu de repos. Mon estomac et ma mâchoire me faisaient souffrir, mais je m'en tirais à bon compte. Quant à ma tête rasée, dans quinze jours cela se verrait moins.

Vers midi, on m'apporta un repas, mais je n'étais pas en état pour manger, aussi me suis-je contenté de quelques bouchées avalées sans appétit.

J'avais quatorze jours à tirer entre ces quatre murs et cela me paraissait une éternité. Ma première journée, je l'ai passée allongé sur mon lit en ciment. Je me levais de temps en temps pour me réchauffer, mais les douleurs à l'estomac annihilaient mon désir de bouger. Toutes les heures, un éducateur venait faire sa ronde. Il ouvrait le judas, me regardait puis refermait et s'en allait. Dans la soirée, il amena un gars, qu'il enferma dans la cellule contiguë à la mienne. Dès que le mitard devint silencieux, après le départ de l'éducateur, je me mis en contact avec le nouveau détenu.

– Y a quelqu'un ? Hé ! Y a quelqu'un ?

– Oui ! J'suis là ! me répondit-il.

– D'où tu viens ?

– J'suis de Savoie, et toi ?

– J'viens de Provence.

– C'est pas toi l'mec qui s'est évadé ?

– Oui, c'est moi.

– T'es passé au prétoire ?

– Ouais, ce matin.

– Combien qu'y t'ont refilé ?

– Quatorze jours !

– Ah ! Les enfoirés ! Ils t'ont tabassé ?

– Ouais, hier soir quand j'suis arrivé, et c'matin, ils ont remis ça. Ah, les emmanchés ! J'sais pas c'que j'leur ai fait, mais y peuvent pas me voir !

– C'est des ordures ! Des SS ! C'est moi qui te l'dis !

– Les SS étaient des Boches, mais eux ils sont français !

– Et alors ? Tu crois que parce qu'ils sont français c'est pas possible qu'ils soient pires que les SS ? Tu t'fous le doigt dans l'œil, mon pote ! S'ils ne craignaient pas d'avoir des ennuis, ils se gêneraient pas pour nous torturer, qu'est-ce que tu crois ! T'as qu'à voir leur tronche, ce sont des complexés. Ces mecs, y a qu'ici qu'ils peuvent faire la loi, ce sont tous des tarés, des cocus ou des pédés. En dehors du centre, ils sont foutus, ils sont plus rien, ils n'existent plus, ce sont des merdes, rien de plus !

– Eh ! t'fâche pas ! Je sais que t'as raison.

– Ouais, j'ai raison ! Et toi comme moi, il faut se dire que même si on ne vaut pas grand-chose, on vaut mille fois plus qu'eux. Tu comprends, nous au moins, on est des hommes, on est seuls dans la vie avec personne derrière nous pour nous protéger, tandis qu'eux, ils ont leur uniforme qui leur donne des droits, des pouvoirs, ils ont la justice qui les protège. Tu sais, j'préfère être à ma place qu'à la leur, c'est moi qui t'le dis !

– Au fait, pourquoi qu'on t'a mis au mitard ?

– J'ai dit à mon éducateur que c'était un enculé, et il s'est vexé parce qu'il sait que c'est vrai.

– Ben t'as pas peur ! Moi j'pourrais pas leur dire, j'aurais trop la trouille !

– Tu sais, ça m'a échappé, j'l'ai pas fait exprès. D'ailleurs, j'aurais mieux fait de fermer ma gueule, mais j'ai pas pu me retenir.

– T'as dû te prendre une raclée ?

– Ben tu penses, y m'a pas raté, la vache ! J'en ai pris plein ma gueule ! Tu sais, les mecs y'zont dit que t'étais vachement gonflé de t'être tiré comme tu l'as fait ! Un bon conseil, tu feras gaffe au veilleur que t'avais quand tu t'es barré, il va se venger car il a pas dû avaler la pilule !

– J'verrai bien, t'fais pas de mouron !

– Merde, v'là le veilleur !

En effet, un bruit de serrure venait de retentir. Il regarda au travers du judas, puis il m'ouvrit la porte et m'envoya chercher une paillasse au fond du couloir. Je l'ai traînée jusqu'à ma cellule, puis je me suis déshabillé et ai remis mes vêtements à l'éducateur, avant qu'il m'enferme pour la nuit. J'étais verni ce soir, mon lit allait être un peu plus confortable que la nuit précédente. Ensuite, ce fut le tour de mon compagnon. Cette cérémonie terminée, l'éducateur repartit jusqu'à la ronde suivante.

– Hé ! tu veux dormir ? me demanda mon voisin.

– J'vais essayer. J'suis crevé, j'ai pas fermé l'œil la nuit dernière, j'avais tellement la trouille, lui répondis-je.

– Bon, ben bonsoir, vieux !

– Bonsoir !

– Hé ! Tu feras pas de conneries cette nuit, hein ?

– Quoi ? Quelle connerie ?

– T'as pas envie de te suicider, j'espère ?

– T'es dingue ! J'ai pas envie de mourir !

– Tu sais, y en a souvent, quand ils reviennent de cavale, qui essaient de se suicider !

– Ben merde alors ! J'vais pas me suicider pour ça ! Y en a beaucoup qui le font ?

– Non, mais ça arrive.

– Y en a qui réussissent ?

– Ouais ! Y en a qui tiennent pas le coup, c'est le moral qui flanche, quoi !

– C'est pas que j'ai le moral, mais j'ai pas envie de me foutre en l'air. J'ai plutôt envie de me tirer, crois-moi !

– T'auras du mal, mon vieux ! Maintenant, ils vont t'avoir à l'œil !

– J'essaierai quand même. Allez, ciao vieux !

– Salut !

Je n'eus pas besoin d'être bercé pour m'endormir. Les douleurs que je ressentais persistaient, mais j'avais tant besoin de repos après le chaos de ma réintégration dans le centre, qu'elles ne m'empêchèrent pas de dormir sur mes deux oreilles.

Mon compagnon de détention m'aida par sa conversation à tuer le temps. Quand sa peine fut terminée, je me suis retrouvé sans autre occupation que de faire les cent pas et de gamberger. La déprime ne tarda pas à m'envahir. Je broyais du noir et n'arrivais plus à dormir la nuit. Comme j'étais seul, je me laissais aller à pleurer comme je ne l'avais jamais fait jusqu'à ce jour. Je versais des larmes sur ma vie, ma condition, tout ce qui m'était arrivé dans le passé. Je n'y comprenais rien, tout allait de travers et, cependant, je ne faisais rien pour cela.

Je comptais les jours scrupuleusement. La fin de la punition arriva, et l'on me renvoya au pavillon Provence.

L'accueil des gars fut mouvementé. Ils étaient tous après moi, à me poser mille questions sur ma courte escapade. Pour eux, j'avais réalisé un exploit ; pour moi, c'était une défaite. J'ai passé sous silence les agissements de ma mère, car je savais que ces révélations provoqueraient un torrent d'injures à son encontre, et ça, je n'aurais pas pu le supporter. J'étais conscient de ce qu'elle faisait et de ce qu'elle était, mais je ne voulais pas me l'entendre dire.

Ma place était faite définitivement. J'étais devenu un dur, un caïd. J'inspirais désormais le respect. Tout à la joie de mes retrouvailles et de ma gloire, il y avait une personne que j'avais oubliée, c'était le veilleur de nuit à qui j'avais faussé compagnie. Lui m'attendait de pied ferme, et quand le soir il vint relever l'éducateur de jour, son regard se posa instinctivement sur moi.

– Chassang ! Viens ici ! dit-il aussitôt.

Le silence s'installa brutalement. Je me suis levé et, tranquillement, me suis approché de l'éducateur. Les gars attendaient dans le plus grand calme. Alors que je venais de m'arrêter devant le maton, une gifle magistrale me fouetta le visage. À peine ébranlé par le coup, je me remis au garde-à-vous, position obligatoire lorsqu'un éducateur nous adressait la parole. Il m'agrippa par le colback.

– T'as voulu jouer au plus malin ? T'as peut-être voulu me faire une blague ? Hein, fils de pute ? Les enculés de ton espèce, j'sais les mater, j'en ai vu de plus balèzes que toi plier devant moi, alors c'est pas toi qui vas m'en imposer, compris ?

– Oui, chef.

– Tu peux aller te pieuter ! À partir de ce soir, il n'y aura plus de veillée pour toi, jusqu'à nouvel ordre. T'auras ainsi le temps de réfléchir quand tu seras au lit, ça te mettra un peu de plomb dans la cervelle. Dorénavant, quand j'arriverai le soir, tu devras être couché. Je ne veux plus te voir, compris ?

– Oui, chef.

– Alors, barre-toi !

Et voilà ! Après quatorze jours de mitard, la punition continuait. J'avais à l'ordinaire tant de mal à m'endormir le soir, il fallait maintenant que je me couche comme les poules. Je l'avais sec tout de même, mais il ne fallait pas que je m'attende à des remerciements de la part de ce pauvre type.

Deux semaines après mon retour à Provence, tout le pavillon fut vidé de ses occupants, et nous fûmes dispersés dans les autres bâtiments du centre, notre baraque devant être démolie. Je me retrouvai ainsi au pavillon Savoie avec quelques mecs de Provence. Notre nouveau logement était situé à l'entrée du centre, sur la gauche, à côté de l'infirmerie. Ma réputation n'étant plus à faire, je fus très bien reçu. Mes nouveaux compagnons me posèrent quelques questions sur mon évasion, auxquelles je répondis avec une certaine fierté. Je n'ai d'ailleurs caché à personne que j'avais l'intention de tenter encore ma chance à la première occasion. La privation de veillées sauta avec mon déménagement, car je n'avais plus le même veilleur de nuit.

Le changement de pavillon ne transforma pas notre vie dans le centre. L'organisation était identique et les gars aussi. Nous étions tous des raclures, des bons à rien, des laissés-pour-compte... Nous avions tous notre lot de misère à traîner avec nous, à part quelques-uns, qui étaient des « fils de famille » ayant mal tourné, des truands en herbe, ou bien les deux à la fois.

La vie reprit son cours, une vie faite d'attente et d'espérance. Nous attendions toujours quelque chose : une lettre, une visite, une condamnation, la libération... L'événement qui vint troubler la monotonie de mon existence fut l'arrivée de mon frère René. Les nouvelles allant bon train dans le centre, à peine était-il arrivé à Savigny que j'en fus informé par la rumeur publique. Ce pauvre con de René, lui aussi, avait été balancé par notre mère. Il avait fallu qu'elle s'en débarrasse, tout comme de moi, ça devenait une manie chez elle ! J'étais heureux à l'idée de le revoir, d'avoir des nouvelles de l'extérieur, de Michelle, de Forest-l'Abbaye. J'ai dû attendre une semaine pour le rencontrer. Une semaine pendant laquelle il passa par les mêmes étapes que moi à mon arrivée au centre. Évidemment, au lieu de le mettre dans ma carrée, on l'a envoyé au pavillon Alsace. On m'a tout de même accordé le droit d'aller le voir avant son installation.

La rencontre eut lieu à l'accueil. Il n'avait pas tellement changé, le frangin. Il était peut-être un peu plus grand, plus maigre aussi, mais je le retrouvais bien égal à lui-même. Quand il me vit, il se marra. Nous avons échangé quelques tapes sur l'épaule, mais nous avions du mal à entamer une conversation. Il y avait une certaine gêne entre nous, comme un malaise.

– Ça va ? hasardai-je.

– Ça va.

– Et la mère ?

– Ça va.

– C'est elle qui t'a foutu ici ?

– Ouais.

– Pourquoi que t'es plus chez Pépère ?

– On m'a retiré. Il a fait tellement de bordel pour toi, tu penses ! Et puis, j'avais plus l'âge d'être en nourrice.

Ma gorge s'était serrée en pensant à mon ami, le seul sans doute que j'avais jamais eu.

– Quand j'ai quitté Forest-l'Abbaye, on m'a placé dans un centre d'handicapés, rue de Vaugirard, à cause de ma polio, dit René.

– Quelle polio ? fis-je étonné.

– Ben, la polio que j'ai eue quand j'étais mioche ! Quand t'étais à l'hosto pour ta patte cassée !

– Ah, j'savais pas ! dis-je de plus en plus surpris.

– C'est normal, t'es resté si longtemps enfermé à l'hosto, c'est pour ça que t'es pas au courant !

– T'étais bien là-bas, rue de Vaugirard ?

– Tu parles, j'étais enfermé comme ici, quoi ! Qu'est-ce que j'ai pu me faire chier ! Et puis m'man, elle s'est pas emmerdée pour me faire des visites, je l'ai pas vue une seule fois.

– Oh, t'casse pas ! Elle en a rien à foutre !

– T'aurais vu la gueule qu'elle avait, quand elle est venue me chercher. Parce qu'ils ont pas voulu me garder, tu parles, c'étaient tous des morts dans c'te taule, alors moi j'y mettais un peu d'ambiance, histoire de leur faire oublier qu'ils étaient un peu tordus et qu'c'était pour ça qu'ils étaient là ! Ben, ça leur plaisait pas au centre. Tu comprends, quand t'es mal foutu, t'as pas le droit de t'marrer, c'est pas normal. Moi, j'te jure que j'y mettais le paquet, ils étaient tous morts de rire avec moi. Enfin voilà, on m'a balancé et je suis allé à Levallois avec la mère.

– Alors, t'as été habiter chez elle ? Elle a bien voulu te prendre ?

– T'es pas dingue ! J'étais à peine arrivé qu'elle m'a emmené voir un juge. J'sais pas ce qu'elle lui a dit, mais il m'a envoyé ici. Il paraît que c'est pour me remettre les idées en place. Y a vraiment de quoi se tordre de rire ! Le juge m'avait prévenu que t'étais là. Tu sais, je ne suis pas au courant de ce que tu as fait, mais le juge, il te porte pas dans son cœur !

– Mais j'ai rien fait ! C'est seulement un coup de la mère, j'étais de trop, elle pouvait pas être tranquille avec son Arabe, c'est pour ça qu'elle m'a foutu ici, et avec toi, elle a fait pareil, tu comprends ?

– Gueule pas ! Gueule pas ! J'te dis pas que t'as fait des conneries, puisque j'en sais rien ! J'y comprends pas grand-chose dans tout ça. Comment elle est la taule ?

– On s'emmerde. Mais alors, on s'emmerde, c'est pas croyable. T'es là pour longtemps ?

– J'en sais rien, on m'a rien dit.
– Et Michelle ?
– J'sais pas. Quand je suis parti de Forest-l'Abbaye, elle y est restée. Depuis, je n'ai pas eu de nouvelles. Et avec maman, comme on peut rien demander... C'est con que je n'aille pas dans ton pavillon ! On se serait fendu la gueule !
– Ce serait trop beau ! Tu ne les connais pas, ce ne sont pas des marrants ! Un bon conseil, fais gaffe à ta gueule, car ils cognent dur.

Un éducateur venait d'entrer. Nous nous sommes quittés sur ces paroles. En retournant à mon pavillon, mes pensées étaient confuses. Les personnages s'entremêlaient. Ma mère me devenait de plus en plus odieuse. Michelle, elle devait être grande maintenant, et Pépère, il devait être bien seul. Je repensais à la maladie de René, et je trouvais extraordinaire d'en savoir aussi peu sur mon propre frère. Il me revenait à l'esprit des petites choses auxquelles je n'avais pas réellement prêté attention dans le passé, comme sa démarche un peu traînante, son visage légèrement crispé, les doigts de sa main droite toujours raidis... Nous étions des gosses différents des autres, c'est pourquoi, sans doute, ces anomalies ne m'avaient pas choqué.

En fait, nous étions très proches les uns des autres, par le sang, mais par le sang seulement. Tout petits, c'était déjà chacun pour soi. Ensuite, nos chemins se sont séparés, il y a eu comme une déchirure. On eût dit un drap élimé qui se fendait en plusieurs morceaux, sans pour cela se déchirer tout à fait. Quelques liens tenaient encore, mais au fil du temps l'usure en viendrait à bout.

Afin de m'occuper, j'ai demandé à travailler. J'avais choisi l'atelier de serrurerie. Bien que le travail me plût, mon asociabilité fit qu'un jour je fus renvoyé de l'atelier. Je me retrouvai donc à nouveau sans occupation, mais pour peu de temps. Je me portai aussitôt volontaire pour aller chercher les repas aux cuisines. Avec un autre gars de mon pavillon, je transportais dans une grande cantine la nourriture qui nous était destinée. Ce n'était pas grand-chose, mais ça me faisait une petite sortie. J'en ai profité pour sympathiser avec le chef de cuisine, car il est toujours intéressant de se mettre bien avec certaines personnes. En l'occurrence, j'avais l'intention de me trouver une place à la cuisine, mais hélas, il n'y avait pas de poste disponible.

J'obtins un emploi au service général. Le boulot était ingrat. Je ramassais les poubelles, balayais les allées, nettoyais les chiottes... Lorsque l'on était affecté au service général, on était classé comme un bon à rien. Je le savais, mais ça ne me dérangeait pas du tout, car il y avait un avantage qui n'était pas à dédaigner, c'était la liberté de circuler dans le centre. Cette liberté était toute relative, mais je me sentais plus à l'aise au grand air qu'enfermé dans une baraque. Je mettais cette liberté à profit, puisque, tout en travaillant, j'inspectais les lieux minutieusement, afin de repérer les issues possibles pour une future évasion.

Je faisais beaucoup de sport, ce qui me maintenait dans une forme physique exceptionnelle. J'étais, entre autres, le meilleur en haltérophilie et en course à pied. J'étais classé dans les bagarreurs, les durs, ce qui était une référence aussi importante que mes résultats sportifs.

Il y eut enfin une place disponible aux cuisines. Je quittai aussitôt le service général pour me retrouver aux pluches et à la plonge. L'ambiance était bonne, et les journées semblaient moins longues. Je préparais avec les copains les cantines pour les pavillons et, surtout, je mangeais bien.

Les bras plongés dans l'eau de vaisselle, tout à mes pensées, j'entendis une voix qui discrètement me glissa dans l'oreille que, si j'étais décidé à me faire la valise, elle aimerait faire partie du voyage. Un coup d'œil rapide derrière moi et je vis Valadon, essuyant une lourde pile d'assiettes, qui me regardait fixement. Je lui fis un signe entendu et repris ma besogne.

Il n'était pas question de s'embarquer à la légère dans cette nouvelle aventure. J'attendrais le moment propice afin d'avoir un maximum de chance. Avoir un compagnon de voyage ne me plaisait guère, mais il était difficile de refuser d'ouvrir la porte de la liberté à un gars, cette liberté si chère à tous.

Nous ne dormions pas dans le même pavillon, ce qui limitait les occasions de discuter de notre projet. Il nous fallait avant toute chose nous procurer des chaussures de tennis, afin de courir avec plus de souplesse. Comme rien n'est impossible, ce furent des permissionnaires qui nous les échangèrent contre des paquets de cigarettes.

Le grand jour fut fixé au dimanche suivant, mais je ne prévins Valadon que la veille au soir, de peur que l'excitation ne le rende trop bavard. J'avais choisi un dimanche, car ces jours-là, le chef de cuisine était absent, et il n'y avait dans le centre que la moitié de l'effectif habituel pour assurer la surveillance.

Le matin du jour J, Valadon vint travailler comme d'habitude. J'étais déjà à mon poste, car ayant les tennis à cacher dans le placard de la cuisine, il avait fallu que j'arrive le premier, pour ne pas être vu. Nous nous mîmes au travail sans échanger un mot. La matinée semblait interminable. Nous attendions midi, l'heure où tout le monde aurait le nez dans son assiette plutôt qu'à la fenêtre. Ce moment arriva. Nous étions devant le fourneau à surveiller la cuisson des viandes. C'est alors que, devant les gars hébétés, nous avons détaché nos tabliers, en quelques secondes, nos croquenots furent jetés dans le feu, et nos tennis lacés.

– Salut les gars ! Dites aux enculés qu'on est partis cueillir des fleurs !

Les gars étaient trop soufflés pour articuler un mot. J'ouvris la porte de la cuisine. En face de moi se trouvait la porte du mitard. J'envoyai un énorme mollard dans sa direction, en formulant le souhait de ne pas m'y retrouver de sitôt. À ma droite, il y avait les ateliers, personne n'y travaillait le dimanche, donc rien à craindre de ce côté-là. À ma gauche, c'étaient les baraques, où tout le monde cassait la croûte, donc peu de danger. Derrière les baraques, c'était la campagne, la liberté.

Avant de m'élancer dehors, je jetai un dernier regard à la cuisine, les gars ne bougeaient pas. Je fis un bras d'honneur à tous ces putains de chiens d'éducateurs que je quittais sans regret, et je sortis, suivi de Valadon. Nous avons longé le mur des cuisines, puis après nous être assurés que personne ne se trouvait dans la cour, nous avons piqué un sprint jusqu'au premier baraquement qui se trouvait de l'autre côté du centre. D'un geste bref de la main, je fis signe à Valadon de s'accroupir. Ayant jeté un regard rapide sur la cour, je constatai que rien ne se passait. Apparemment, nous n'avions pas été vus. Nous contournâmes alors le bâtiment sans nous presser. De l'autre côté, la liberté nous tendait les bras.

Nous n'avions pas échangé un mot. Le plus facile était fait, désormais il nous fallait nous éloigner le plus rapidement qu'il nous était possible.

– Prêt ?

– Ouais, j'suis prêt.

D'un même élan, nous nous mîmes à courir à travers champs. Environ à trois cents mètres du point de départ, nous nous sommes plaqués au sol, enfouis dans les herbes. Je me suis retourné une dernière fois. Tout était calme. Notre fuite était apparemment passée inaperçue, aussi, sans plus tarder, avons-nous repris notre folle course dans la campagne.

Le premier village que nous avons traversé n'a dû voir qu'un nuage de poussière tellement nous avions le feu au derrière. Je me sentais dans une forme extraordinaire. Les heures d'entraînement sportif portaient leurs fruits. Valadon avait un peu de retard sur moi, mais il s'accrochait tant bien que mal. D'ailleurs, maintenant, c'était chacun pour soi, j'avais rempli mon contrat. Nous coupions à travers champs, la ligne droite étant le plus court chemin qui mène d'un point à un autre, d'après ce que j'avais appris à l'école. Seulement, il se trouva un moment où une route se profila à l'horizon. Qu'à cela ne tienne, je sautai le talus. Une voiture passa à cet instant précis, occupée par quatre éducateurs. Saisi de stupeur, je marquai un temps d'arrêt. Les pneus du véhicule hurlèrent sous la pression des freins, comme pour m'avertir qu'il était temps de réagir. Impossible de prévenir Valadon qui allait se jeter dans la gueule du loup. Je repris ma course, bien décidé à ne pas me faire pincer par ces cons qui se baladaient comme par hasard là où il ne fallait pas.

En me retournant, je vis les quatre éducateurs s'élancer à ma poursuite. À cet instant, Valadon sauta le fossé et se trouva nez à nez avec ces gros lards qui enjambaient les barbelés. Il les évita d'un bond, franchit la clôture et reprit sa course. Je l'entendis hurler :

– Chassang ! Chassang ! Laisse-moi pas ! Attends-moi !

Sans m'arrêter, je lui fis signe du bras de me rejoindre. Soudain, des cris retentirent. Je stoppai ma course. Je ne voyais plus Valadon, mais un tas de chiens déchaînés qui rouaient de coups ce pauvre malheureux. J'étais découragé. Écœuré, les bras ballants, je revins sur mes pas. Un maton courait dans ma direction. J'en avais plus rien à foutre. D'un coup de poing, il m'envoya à terre, m'agrippa les cheveux et me traîna ainsi jusqu'à la 2 CV où Valadon était installé à l'arrière, pleurant toutes les larmes de son corps, le visage tuméfié par la trempe qu'il venait de se bouffer. Je pris place à côté de lui. Je l'avais échappé belle, les matons s'étaient défoulés sur mon compagnon avant de me tomber dessus.

Lorsque nous sommes arrivés au centre, personne ne s'était aperçu de notre fuite. La malchance s'était abattue sur nous, en mettant sur notre chemin ces éducateurs de malheur qui rentraient tranquillement, sans se douter un seul instant de la rencontre qu'ils allaient faire. Ils étaient fiers de leur prise, ces chiens !

À peine étions-nous descendus de la voiture que nous fûmes propulsés dans le bureau des entrées, à coups de pied dans le derrière. Valadon n'arrêtait pas de pleurer. Il avait du mal à se remettre de ses émotions. Il craignait certainement la suite des événements, car il en était à son coup d'essai. Moi, je connaissais le processus, et je me souvenais que, la première fois, j'étais dans mes petits souliers. Il me faisait pitié, ce pauvre Valadon. Il était prêt à appeler sa mère, cette salope qui devait bien s'en foutre que son rejeton passe à tabac pour elle !

Le « tribunal » fut mis en place dans le quart d'heure qui suivit. Monsieur le directeur se pointa, avec son œil des mauvais jours, furieux d'être dérangé pendant qu'il buvait son café, et un dimanche, par-dessus le marché !

Les quatre héros du jour étaient présents. Le directeur prit un air important. Je le fixais d'un regard noir, tandis que Valadon dispersait alentour les réserves de larmes qu'il avait emmagasinées depuis son arrivée au centre.

– Qui a eu cette merveilleuse idée d'aller faire un tour à la campagne, par ce beau dimanche ? demanda le directeur goguenard.

L'un des héros du jour interpella mon compère :

– C'est toi vermine ! C'est toi qui as combiné cette escapade ! Fumier ! hurla-t-il en le secouant.

– C'est pas moi ! C'est pas moi ! répondit-il entre deux sanglots.

– C'est peut-être Chassang ! dit un autre héros en s'approchant de moi.

– Chassang ! Répondez quand on vous parle !

Devant mon silence, la colère monta à la tête du directeur, qui devint violet de rage.

– Tu vas répondre, nom de Dieu !

Un coup de poing vint s'enfoncer dans mon estomac. Les réjouissances allaient commencer. Tandis que mon corps pliait sous la douleur, le maton qui venait de me frapper m'empoigna par les cheveux et me redressa d'un geste brusque. Son visage était près du mien. Je sentais son haleine me balayer le visage. Je me retenais pour ne pas lui cracher à la gueule, ce qui était un tour de force de ma part. Il marmonna, les dents serrées :

– Tu vas le dire que c'est toi, tu vas avouer que tu n'as que ça en tête, foutre le camp ! Je vais te la délier ta langue, moi. Tu ne me connais pas.

Brusquement, il m'écrasa un pied. Je ne pus retenir un cri de douleur, malgré la promesse que je m'étais faite de ne pas ouvrir le bec, quoi qu'il advienne.

– Et les chaussures de tennis ? C'est le Père Noël qui te les a apportées ?

Après un instant de silence, le directeur annonça la sentence.

– Vous me ferez quinze jours !

Enfin, on me lâcha la tignasse pour me prendre le bras. Ces messieurs nous accompagnèrent au mitard, lieu de méditation pour les évadés à la manque comme nous. On nous enferma chacun dans une cellule, après nous avoir fait mettre en slip et en maillot de corps.

Je n'avais pas envie de parler à Valadon, alors je me suis allongé et j'ai dormi. Le lendemain matin, je fus réveillé par des bruits de pas. On courait dans le couloir. J'entendais des jurons, des bruits étranges, enfin cette cavalcade m'intriguait. J'attendis que tout redevienne calme pour appeler Valadon. Pas de réponse. Que se passait-il donc ? Je n'eus pas le temps de réfléchir longtemps, un maton ouvrit la porte de ma cellule et me jeta mes fringues en me priant de m'habiller dare-dare et de le suivre. Il m'emmena dans le bureau du directeur. Le petit homme semblait énervé. Il attaqua aussitôt.

– Tu sais où est Valadon ?

J'étais complètement ahuri devant une question pareille. Comment pouvais-je savoir où était Valadon ? J'étais enfermé dans une cellule voisine de la sienne, mais je n'avais aucun moyen de voir ce qu'il faisait. J'ai pensé un instant qu'il avait peut-être réussi à se tirer, mais c'était impossible de s'échapper du mitard. J'en étais à ce point de mes réflexions quand le directeur me donna lui-même la réponse.

– Eh bien moi, je vais te le dire où il est ton copain de voyage, il est à l'infirmerie. Monsieur a voulu jouer les héros, il a tenté de se suicider en s'ouvrant les veines, voilà ce qu'il a fait, monsieur Valadon.

– ... ?

– Chassang, il ne faut pas me prendre pour un imbécile. Tu ne me feras pas croire que c'est lui qui a eu l'idée de foutre le camp. Donc, j'en déduis que c'est toi qui l'as entraîné. Je t'estime responsable du geste que Valadon a eu cette nuit et, de ce fait, puisqu'il n'est plus en état de faire ses quinze jours de mitard, tu les feras à sa place !

– Mais ça va pas ! J'y peux rien s'il est con, ce mec ! Je vais pas faire de la taule pour lui...

– Tu me feras trente jours, ça te servira de leçon. Veuillez ramener Chassang dans sa cellule, dit-il au maton qui m'accompagnait.

L'éducateur me ramena en taule. Je pensais qu'ils étaient tous givrés dans cette baraque. C'était la meilleure de l'année ! Comme si j'y étais pour quelque chose, dans ce suicide à la manque ! Ça m'apprendrait à vouloir aider un mec, j'aurais jamais dû accepter, j'étais frais maintenant avec mes trente jours de cellule à tirer, qu'est-ce que j'allais me faire chier !

Le temps se mit au ralenti. Les jours étaient sans fin. Je pensais à tout et à rien en même temps. Je pensais à ma mère qui vivait sa grande histoire d'amour avec son sultan, à ma sœur qui faisait la boniche je ne sais où, à mes anciens copains de Levallois qui devaient sauter des nanas tant et plus. Ah, un p'tit cul ! Ça aurait bien fait mon affaire en ce moment, quand je pensais à tous ces petits derrières de minettes qui se trémoussaient sous des jupettes tout juste assez grandes pour les cacher, je sentais ma virilité me remonter jusque dans le gosier. Pas de panique, j'arriverais bien à m'en faire une un jour ou l'autre !

Chaque passage d'un maton devant ma porte ponctuait l'heure qui venait de s'écouler. J'étais presque content de voir leur sale gueule au travers du judas, cela me faisait de la visite. Un jour, j'eus l'impression qu'on m'appelait. La voix n'était pas bien forte, mais j'étais certain de la connaître. La fenêtre était haut perchée, mais en sautant je réussis à m'agripper au rebord et à me hisser à la force des bras. C'est ainsi que je vis mon frère René. Il me fit signe d'ouvrir la fenêtre. Cette opération n'était pas des plus aisées car la poignée, il fallait l'atteindre tout en se maintenant en équilibre sur un bras. Je réussis pourtant ce tour de force et n'eus plus qu'à me tenir aux barreaux.

René me glissa une cigarette allumée dans la bouche. Quel plaisir ! Je tirai plusieurs bouffées et sentis aussitôt mon corps s'emplir d'un fourmillement voluptueux.

– Qu'est-ce que tu fais là, Chassang ? demanda un éducateur qui venait d'apparaître devant la fenêtre.

– Je... Je coupe du bois, répondit René.

– Tu t'fous d'ma gueule !

– Mais non, je coupe du bois en parlant à mon frère.

– Et tu lui donnes des cigarettes en même temps, hein ?

– Oh non, je lui en ai donné une seule.

– Chassang, donne-moi ta cigarette, me demanda-t-il.

Je la lui tendis aussitôt.

– Et toi, remets-toi au travail. Si tu scies le bois, ton frère fume, si tu t'arrêtes, il ne fume plus, compris ?

René prit alors sa scie et se remit au travail. La cigarette revint aussitôt sur mes lèvres. L'éducateur restait planté devant ma fenêtre, et moi, suspendu aux barreaux de ma cellule, je dégustais ma clope. René, qui n'était pas très robuste, ralentissait la cadence, tout en guettant mon mégot du coin de l'œil. Il prit un instant de repos dès qu'il me vit jeter à terre les restes de cette cigarette qui fut pour moi plus qu'un peu de tabac roulé dans du papier. N'était-ce pas le signe que je n'étais pas aussi seul que je le croyais, moi qui pensais si peu à mes frères et sœurs ; voilà que René d'un geste banal venait de me témoigner sa fraternité.

L'éducateur me fit retomber immédiatement dans la réalité en m'ordonnant de refermer ma fenêtre. Pour une fois que je voyais un maton sympathique, j'obéis sans attendre. René revint d'autres fois m'apporter une cigarette, mais les occasions étaient rares car les matons n'étaient pas toujours aussi bien disposés à mon égard.

Nous échangions quelques mots lorsque c'était possible, cela me remontait le moral qui était souvent bien bas.

Le jour de ma libération arriva, et je vécus un retour triomphal au pavillon Savoie, où j'étais très attendu. Les mecs me donnèrent des claques amicales dans le dos, me demandant pour quand était ma prochaine escapade. J'avais réellement l'impression de revivre.

Je fis deux autres tentatives d'évasion, qui durèrent plus longtemps que les premières. Bien que mon expérience avec Valadon se soit mal terminée et que j'estime qu'il en portait toute la responsabilité, à chaque évasion je me faisais la belle avec un gars du centre. C'étaient des chics types qui m'emmenèrent chez eux. Les flics venaient nous cueillir sans difficulté. Nous savions que nous serions repris, mais ce temps de liberté, si court fut-il, était bien agréable. Je n'aurais voulu rater ces expériences pour rien au monde. Deux jours de liberté, c'étaient presque des grandes vacances. Le mitard, après, quelle importance !

Nous étions à la fin du mois de juillet 1960. Je venais d'atteindre mes quinze ans, et j'étais un garçon robuste, qui ne demandait qu'à vivre comme tous les garçons de son âge. Il y avait neuf mois que j'étais à Savigny, et j'étais persuadé que l'on m'avait oublié dans ce trou perdu. Le juge Sinvé m'y avait expédié pour trois mois, et les six mois que j'avais faits en plus me laissaient supposer que mon dossier était resté coincé sous une énorme pile de paperasse. Mes fugues étaient certainement la cause d'une prolongation de peine, bien que je ne sache toujours pas de quoi l'on m'accusait, mais une rallonge aussi longue, c'était anormal. Les copains sortaient en général à la fin de leur peine. Eux au moins avaient un but. Ils comptaient les jours, ils savaient quand ils sortiraient de là, moi, je n'en savais rien.

Quand un maton vint m'annoncer que, le lendemain, je devais comparaître devant le juge, au Palais de justice de Paris, ce fut une explosion de joie. Enfin, j'étais libéré ! J'en aurais bien pleuré, si je n'avais eu peur de passer pour un con aux yeux de mes potes. J'étais sollicité de tous côtés par les copains qui me donnaient des lettres pour leur petite amie ou pour leur mère. Ils filaient aussi des adresses de copains qui pourraient m'aider le cas échéant. Je ne savais plus où donner de la tête. Je disais d'accord à tout le monde, mais en fait je ne savais pas du tout ce que j'allais faire de ma peau. Je n'étais plus certain de désirer revoir ma mère, pourtant si je n'allais pas chez elle, où pouvais-je aller ? Il n'était pas question de traîner dans les rues où je risquais de me faire coffrer à la première rafle. Se faire ramasser par les flics signifiait pour moi un éventuel retour à Savigny ou dans un établissement de ce genre. Comme je trouvais que la plaisanterie avait assez duré, il ne me restait plus qu'à aller chez ma mère, c'était évident.

Je n'ai pas fermé l'œil de la nuit, j'étais si heureux ! Je ne pouvais m'empêcher de penser à Hariss qui n'allait pas sauter de joie en me revoyant, mais qui s'y ferait. Mon seul espoir était de retrouver ma sœur Michelle, à la maison. Je n'avais pas vu René pour lui annoncer mon départ, mais il était certainement au courant, tout se savait dans le centre. J'aurais pourtant aimé lui dire quelques mots avant de partir, mais cela n'était pas possible, à moins d'enfreindre le règlement, et ça, ce n'était pas le moment.

L'heure du lever arriva, d'un bond j'étais debout. Après un coup de gant rapide sur mon visage, j'enfilai mes nippes et, en quelques minutes, j'étais prêt. J'avalai gloutonnement mon petit déjeuner, fis un dernier adieu aux copains et pris la direction du bureau d'admission où m'attendait le fourgon cellulaire.

En arrivant aux « 36 Carreaux » (Palais de justice de Paris) on m'enferma dans une cellule, en attendant ma comparution devant le juge. Je ne tenais plus en place. Enfin, ce fut mon tour. Je suis entré dans son bureau, encadré par deux flics. La tête penchée sur un dossier qui devait être le mien, il me lançait des regards en biais. Il prit quelques notes, puis leva sa tête.

– Votre nom ? demanda-t-il sèchement.

– Jean Chassang.

– Bien. Chassang, je vous place à Belle-Île-en-Mer, pendant trois ans.

Je le regardai stupéfait. J'avais peur d'avoir compris ces brèves paroles.

– Je ne rentre pas chez moi ?

Quand je dis Belle-Île, ce n'est pas chez vous, il me semble que je suis clair ! Et puis, le grand air vous conviendra parfaitement, vous qui aimez les grands espaces, vous allez être gâté ! Messieurs, j'en ai terminé, vous pouvez l'emmener.

Cent tonnes de merde venaient de s'effondrer sur ma tête. Le choc encaissé était trop fort pour moi. Je n'en retenais que la chose essentielle : je n'étais pas libéré. Je me laissai alors emporter par les flics, dans un état semi-comateux, jusqu'à ma cellule. En me laissant choir sur le lit, le regard hébété, la bouche amère, les jambes molles, je ressentis une fois de plus l'absurdité de mon existence. Je ne me rappelais déjà plus pour combien de temps il m'expédiait dans son île de merde, ce fumier, je voyais seulement ma liberté s'écarter de mon chemin, et j'avais peur tout à coup de ne jamais pouvoir l'atteindre.

Cette fois, je touchais le fond du désespoir. Où étaient les crises d'alcoolisme de mon père, ses cris, ses coups, sa pisse sur mes reins ! Qu'étaient les trempes de ma mère, les repas passés le ventre vide ! Où était la vie ? Où était ma vie, tout simplement ; cette vie de misère que j'avais connue et qui me semblait aujourd'hui si douce comparée à ma vie future. Dans mon enfance, je n'étais peut-être pas grand-chose, mais j'étais quelqu'un tout de même, alors que, maintenant, je n'étais plus rien qu'un mec sans intérêt qu'on expédiait le plus loin possible, en espérant ne jamais le revoir.

Quand on me ramena à Savigny, je n'eus pas plus de réaction que si l'on m'avait conduit à l'échafaud. Ne venait-on pas de tuer en moi l'espoir de vivre ? À quoi cela sert-il de vivre quand on n'a plus d'espoir, je ne suis déjà plus rien, on n'a donc plus rien à me prendre !

Tel était mon anéantissement quand je retrouvai les copains du pavillon. Ils firent une de ces têtes en me voyant revenir ! Pour eux, c'était comme une trahison. Le tour de vache qu'on venait de me faire, on pouvait aussi le leur faire un jour ou l'autre, et ça, ils l'encaissaient mal.

– Pourquoi que t'es pas libéré ? me demanda l'un d'eux.

– Je sais pas !

Je n'avais plus de courage pour répondre. Pourtant, ils étaient tous là, autour de moi, attendant mes explications. J'étais assis comme un vieillard qui croule sous le poids des ans, tête basse, tordant mes mains à m'en faire mal.

– Alors ?... Tu restes encore combien de temps ici ?

– J'reste pas à Savigny, ils m'envoient dans une île, j'sais pas où...

– Nom de Dieu de merde ! J'parie que tu vas à Belle-Île-en-Mer ! s'écria un gars.

– Oui, c'est ça...

– Oh, putain ! Tu vas voir la bande d'enculés qu'y a là-bas ! Ici, c'est des roses, c'est les vacances ! Tu sais c'que c'est Belle-Île ? Tu sais où qu'y t'a largué, c't'emmenché de juge ! Dans un bagne !

– Un bagne ? T'es louf ou quoi ?

– Ouais, c'est un bagne ! gueulèrent les autres en chœur.

Ils se mirent tous à bourdonner autour de moi, chacun donnant son avis, racontant ce qu'il savait sur les traitements qu'on infligeait aux mômes enfermés là-bas.

J'avais des difficultés à saisir ce qui se disait, car tout le monde parlait en même temps. Pourtant, en les écoutant, je sortais peu à peu de mon inertie, l'indifférence faisant place à la crainte, à la peur. Une peur qui s'installait progressivement et m'étreignait la poitrine.

Quand on nous apporta le dîner, je fus incapable d'avaler une bouchée. J'étais prostré devant mon assiette, tandis que les copains continuaient de faire des commentaires sur ce qui m'attendait. J'avais envie de les envoyer chier, mais, au fond, ils étaient sympas et leur inquiétude était sincère. Après le dîner, je suis resté dans la salle commune avec les gars, en attendant l'heure d'aller se coucher. J'avais envie de me retrouver seul, afin de me calmer un peu. J'attendis ainsi que dix heures sonnent, l'heure où le maton de nuit prenait son service en nous expédiant tous au plumard. Quand il entra dans la salle, il vint directement me voir.

– Chassang ! Préparez vos affaires, on vous attend à l'accueil... Ce soir, c'est le grand départ !

Il était guilleret, fier de l'effet qu'il allait produire. Un silence de mort s'installa dans la chambrée. J'avais du mal à réagir, je ne me sentais pas capable de bouger, je ne pouvais pas partir, pas tout de suite, comme ça, dans l'état où j'étais !

– Exécution !

Les mecs m'entourèrent. Je me suis levé péniblement et me suis traîné jusqu'à mon armoire. J'ai rassemblé les quelques effets qui y étaient rangés, les ai glissés dans un sac, puis me suis dirigé vers la porte. Les gars étaient émus, ils me serrèrent la main en silence, nous n'avions plus rien à nous dire, en fait nous n'osions plus rien dire. Jamais je n'aurais imaginé avoir tant de regret en quittant Savigny !

À l'accueil, ils me rendirent les affaires que j'avais en arrivant au centre. Je compris immédiatement qu'ils savaient qu'en allant voir le juge je ne serais pas libéré pour autant, puisque le matin j'étais allé au Palais de justice avec les fringues du centre, et non avec mes effets personnels. Mes effets personnels ! Parlons-en ! Le pantalon était trop court, je ne boutonnais plus la taille, mes chaussures trouées étaient trop étroites ; j'avais l'air d'un clodo. On me donna une ficelle pour attacher mon froc, et un carton à chaussures pour y ranger les petites bricoles qui m'appartenaient.

Je montai aussitôt après dans le fourgon, où j'eus la surprise de découvrir que j'avais un compagnon de voyage en la personne de Jacky Laugier, un gars que je connaissais peu, et qui était dans le même pavillon que mon frère. Je m'assis en face de lui après lui avoir fait un petit signe de la tête.

On nous enferma dans le fourgon, et un éducateur, nos dossiers sous le bras, prit place devant, à côté du chauffeur. Le véhicule s'ébranla, tout s'était déroulé avec rapidité.

Peu de temps après notre départ, nous nous mîmes à parler de Belle-Île. La propagande qu'on lui en avait faite était identique à la mienne, et notre moral était à zéro. On se voyait en esclaves, se faisant fouetter pour un oui, pour un non, nous imaginions une citadelle isolée sur une île, avec d'énormes rochers au bas des remparts, le tout entouré d'une mer déchaînée, et à l'horizon, l'oubli éternel. Nous partions pour toujours, sans espoir de retour.

En arrivant devant la gare Montparnasse, j'aperçus immédiatement les gendarmes qui nous attendaient au bord du trottoir. Ils étaient trois. L'un d'eux prit nos dossiers, et les deux autres nous encadrèrent pour nous mener au train qui attendait ses voyageurs.

La gare, sans être embouteillée, connaissait une grande agitation, propre aux périodes de départs en vacances. Les gens, chargés de bagages, nous regardaient passer en chuchotant. Quelques enfants se moquaient de nous et nous tiraient la langue. Ma honte était grande. Les passants nous prenaient sans doute pour des voyous. En songeant à mon allure – la tête presque rasée, les habits usagés et trop courts –, je n'étais guère à mon avantage. Je sentais le feu brûler mes joues ; ma fierté en prenait un sacré coup !

Les gendarmes s'installèrent avec nous, dans un compartiment réservé. Enfin au calme, je recouvrais mes esprits peu à peu. Puis ce fut le départ, un départ qui signifiait les vacances pour la majorité des voyageurs, mais qui pour nous voulait dire exil !

5

« L'EXIL »

Le train ralentissait. Malgré la nuit noire dans laquelle nous étions plongés, je sentais l'arrivée proche, par l'agitation qui régnait dans les couloirs. Le voyage m'avait semblé si court et si long à la fois. Je n'avais guère envie d'arriver à destination, pourtant l'attente de l'inconnu m'était insupportable et il fallait en finir au plus vite.

Dans un grincement aigu, la machine stoppa en gare de Quiberon. On attendit que tous les voyageurs quittent le wagon pour en descendre à notre tour. Il était cinq heures du matin. Les gendarmes nous emmenèrent au bistrot en face de la gare pour prendre un café, un délicieux café.

Après cette courte pause, nous sommes partis vers le port où un bateau attendait de faire le plein de voyageurs. Le jour se levait lentement, nous laissant découvrir une mer grise et recouverte de brume. Un petit vent froid nous mordillait le visage. Sur le quai, deux gendarmes nous attendaient pour la relève. Ce fut le même cérémonial que d'habitude : saluts, échange de dossiers, quelques mots sur le voyage et re-salut pour finir.

Avec nos nouveaux gardiens, nous sommes descendus dans la cale. Nous avons pris nos quartiers dans une petite pièce, à côté de la cale à voitures. C'était mon premier voyage en mer, et hélas, je ne pouvais rien voir. Cela m'aurait pourtant fait du bien de prendre l'air ; l'atmosphère était irrespirable, le moteur du bateau me bourdonnait aux oreilles, et les remous me soulevaient le cœur. L'angoisse m'envahissait à nouveau, et mon café avait bien du mal à me tenir au corps.

Enfin, le bateau accosta. Les voyageurs quittèrent le pont et nous la cale. Les gendarmes, eux, quittèrent leur désinvolture, nous prirent fermement le bras et nous emmenèrent ainsi, vers le fourgon stationné sur le quai. La population locale venue accueillir les vacanciers se mêlait aux voyageurs pour nous regarder passer. Dédaignant les curieux, je jetai un regard rapide alentour et vis ce que j'avais imaginé auparavant : une forteresse. Ce vieux château situé à côté du port, protégé par d'énormes remparts en pierre, était bien comme je l'avais pensé, à une petite différence près : il n'était pas isolé sur cette île, mais touchait la ville de Le Palais.

Nous sommes montés dans le fourgon, qui démarra aussitôt. Il longea le port, roula sur un petit pont, grimpa une côte, prit une petite route, puis un chemin. Apparemment, le château étant loin derrière nous, ce n'était pas là que nous allions. Je sentais, grâce au rétrécissement des routes successives que nous avions empruntées, que le but de notre voyage était proche. Une dernière allée, bordée d'arbres alignés, nous conduisit directement dans la cour d'honneur de l'IPES (Institut pénitencier d'études surveillées), appelé par les insulaires « centre de Brutet », que je baptiserais plus tard « Institut professionnel d'études supérieures », mais qui en fait aurait dû se nommer « Institut pour enfants souillés ».

Le fourgon stoppa devant un bâtiment, et l'on en descendit sous les regards curieux de quelques pensionnaires qui, assis sur des bancs, se levèrent dès notre apparition et vinrent à notre rencontre.

Un mec sortit de ce qui devait être des bureaux, comme la pancarte suspendue au-dessus de la porte l'indiquait, et vint au-devant des gendarmes. Après une joyeuse poignée de mains, comme si ce jour était un jour de fête, ils s'engouffrèrent dans le bâtiment, nous plantant là, au milieu de la cour. Un attroupement s'était déjà formé autour de nous.

– D'où qu'vous venez ?

– De Savigny.

– Ben, vous serez pas tout seuls, y en a plein d'mecs de Savigny dans le centre !

– T'as pas une pipe ?

Pas le temps de répondre, le gars qui venait de parler se fit bousculer par un autre.

– Oh ! Fais pas chier ! Laisse-les arriver !

Les gendarmes sortirent à ce moment des bureaux, remontèrent dans le fourgon et partirent aussitôt. Un surveillant vint vers nous et nous conduisit aux douches. On se mit à poil et l'on se nettoya sous un jet d'eau glacée qui me réveilla brutalement. La nuit avait été épuisante, et un bon coup de fouet était nécessaire pour me revigorer. On nous donna à chacun un paquetage, comprenant : du linge de corps, une chemise bleue (style armée), un blouson bleu (style armée), un short kaki (style armée), des sandales pour aller à la mer (style scout) et des sabots de bois (style Moyen Âge).

Je n'avais pas remarqué que les mecs dans la cour avaient des sabots ! J'étais réellement surpris.

– J'ai pas fini de me casser la gueule avec des pompes à bascule de ce genre ! dis-je à Jacky qui se marrait en enfilant les siens.

Son rire me gagna lorsque j'essayai de faire quelques pas. Le surveillant nous rappela vite à l'ordre et nous conduisit au réfectoire, où l'on donna à chacun de nous un casse-croûte et un verre d'eau.

Enfin, nous étions seuls. Nous échangeâmes nos impressions de nouveaux « colons ». Nous étions loin de la citadelle que l'on pensait trouver. Cependant, l'aspect des bâtiments, de construction austère, et bien qu'entourés de pelouses, ne nous mettait pas la joie au cœur.

Nous avons terminé notre repas rapidement, et après quelques hésitations, nous sommes retournés dans la cour attendre l'ouverture des bureaux de l'accueil. Cette appréhension mutuelle était due au fait que, dehors, les gars du centre allaient se précipiter sur nous et nous questionner. Affronter une horde de mecs inconnus n'est pas chose aisée. À Savigny, je savais à qui j'avais affaire, mais ici...

Armés de courage, sabots aux pieds, la démarche incertaine, nous nous sommes dirigés vers les bureaux. Les colons nous attendaient devant la bâtisse. Jacky fut attiré dans un coin par un groupe, tandis que d'autres gars m'encerclaient.

Nous avons échangé nos cartes de visite, nos certificats, nos diplômes. Tout allait pour le mieux dans ce petit monde de paumés. Nous en étions tous au même point, tout comme à Savigny. Des surprises, il n'y en avait pas. À la gueule des mecs, je pouvais déjà faire le tri. Il y avait les « ici c'est moi qui commande », les « je te ferai ce que tu voudras », les « j'ai tout vu, j'ai tout fait », les « j'emmerde personne alors fais-moi pas chier », les « t'as pas une pipe », les « c'est pas moi, c'est l'autre », enfin, pour résumer, c'était le reflet de la société ; que l'on soit dehors ou que l'on soit dedans, c'est pourri partout comme cela, pas de mouron à se faire, pas de surprise, seulement le changement dans la continuité.

À deux heures, les bureaux ouvrirent leurs portes, et nous fûmes reçus par le directeur du centre en personne, assisté du surveillant général, qui aussitôt se lança dans un long monologue doucereux. À l'entendre, il s'excusait presque de la décision du juge qui nous avait envoyés dans son centre. Il nous expliqua le règlement, essayant de nous faire croire que nous étions au paradis, que l'on allait s'occuper de nous avec tous les égards auxquels nous avions droit, qu'il ferait de nous des hommes, que nous quitterions le centre avec un diplôme en poche, prêts à affronter la vie, et que si, une fois libres, nous ne savions pas mettre à profit ce qu'il allait nous inculquer, eh bien nous finirions nos jours en taule comme certains.

Puis il termina avec le programme de l'après-midi :

– On va vous montrer vos lits, vous rangerez vos affaires personnelles, puis vous irez dans la cour attendre le retour de vos futurs camarades qui sont actuellement à la plage. Ceux qui sont restés au centre ont été punis pour diverses raisons. Comme vous voyez, si vous vous tenez tranquille, la vie vous semblera agréable ! Vous pouvez disposer !

Nous sommes ressortis dans la cour, après ces menus conseils, et nous avons suivi l'éducateur qui nous attendait pour nous mener à notre chambre. Celle-ci était située au premier étage du bâtiment en face des bureaux. C'était un petit dortoir de dix lits. Jacky était mon voisin de lit, ce qui me rassurait pour l'avenir. Nous avons rangé dans notre armoire les quelques bricoles que nous avions amenées de Savigny, puis nous sommes retournés dans la cour.

Je sentais que j'avais déjà la nostalgie de Savigny et des copains que j'avais quittés. Je ne pourrais jamais m'adapter dans cette île perdue, et puis, trois ans... C'était impensable que je puisse rester si longtemps. J'allais en crever !

J'ai discuté tout au long de l'après-midi avec mes nouveaux compagnons. Nous nous sommes raconté nos petits malheurs, j'ai posé des tas de questions sur la vie du centre et, en fin de compte, j'étais encore plus démoralisé qu'à mon arrivée, car ce qui m'attendait n'avait en rien l'aspect d'un « séjour agréable ».

Nos conversations furent interrompues par des grands cris de sauvages. Je n'eus pas à attendre longtemps pour savoir qu'il s'agissait seulement du retour de la plage des mecs « non punis ». Ils débouchèrent dans la cour, en rangs par deux, escortés des éducateurs qui, je le suppose, n'avaient pas été punis, eux non plus.

On aurait cru un groupe d'aliénés, évadés d'un hôpital psychiatrique. Ils avaient les cheveux coupés ras à la brosse, le teint hâlé, des gueules de durs. En fait, j'étais fait sur le même modèle qu'eux, mais il me fallut voir la dégaine de cette troupe pour réaliser combien notre aspect était rébarbatif.

En nous voyant, le calme revint dans les rangs. Tout le monde fit silence à l'arrivée du surveillant général, qui hurla pour faire taire les dernières grandes gueules.

Le surveillant général, nommé Guillaume, assista à l'appel que fit un autre surveillant. Ayant constaté qu'aucune brebis ne s'était égarée, il ordonna le repos et fit demi-tour, tandis que chacun se dispersait çà et là dans la cour, en attendant le repas proche.

Je fus immédiatement assailli par les nouveaux arrivants qui venaient prendre des nouvelles de Savigny et de Paris. Tous les gars attendaient notre arrivée qui leur avait été annoncée quelques jours auparavant. Nous étions, Jacky et moi, comme une bouffée d'air frais qui leur arrivait de la capitale. Je ne connaissais personne, bien qu'un grand nombre d'entre eux aient fait un stage à Savigny avant d'être mutés à Belle-Île.

L'heure du repas vint rapidement, coupant court à nos conversations. Je suivis le gros de la troupe jusqu'au réfectoire, où l'on m'indiqua la table à laquelle, désormais, je devrais prendre place. Le couvert était dressé pour six. Je pris la place libre.

On se partagea le pain, tandis qu'un gars nous apportait des cuisines des sardines à l'huile, ainsi qu'un plat de purée avec du jambon. Les sardines firent le tour de la table, et quand le plat arriva dans mes mains, je constatai qu'il n'en restait plus qu'une seule pour moi, alors que les autres en avaient deux dans leur assiette. Étant nouveau, je ne pouvais faire de scandale, je mangeai donc sans rien dire mon petit poisson, sous les regards curieux de mes camarades de table, qui attendaient une réaction pour me tester. J'avais repéré l'auteur du détournement, et je me tenais sur mes gardes pour la suite du repas.

Comme j'avais très faim, j'ai attrapé sans attendre le plat posé au milieu de la table, et me suis servi une tranche de jambon et ma part de purée. Les gars m'épiaient sans broncher. Celui qui avait une surcharge de sardine dans l'estomac rompit le silence :

– T'es resté combien de temps à Savigny ?

– J'ai fait neuf mois.
– Tu sais pourquoi ils t'ont pas relâché ?
– Non. Le juge n'a rien dit. Normalement, je ne devais faire que trois mois à Savigny, et au lieu de cela, j'ai fait neuf mois. Maintenant, il m'envoie ici pour trois ans, c'est à n'y rien comprendre !
– Tu sais, y a pas grand-chose à comprendre avec des cons pareils, enfin... T'as peut-être fait des conneries ?
– Non... mais je me suis évadé quatre fois !
– Tu t'es évadé quatre fois de Savigny ? Pffitt ! Tu plaisantes pas, mon pote !

Une lueur d'admiration éclaira les visages de mes voisins. Celui qui me parlait était visiblement le chef de table, car les autres gars attendaient ses réactions pour l'imiter. Je n'étais pas impressionné le moins du monde par ce gars qui les dominait nettement. À vrai dire, c'est lui que je trouvais le plus sympathique. La conversation se déroulait sur un ton amical et j'en ai profité pour lui narrer dans le détail mes différentes cavales, afin de me valoriser à ses yeux et d'écraser les autres qui paraissaient incapables de vivre de pareilles aventures.

J'attendis avec impatience le moment d'aller me coucher. J'étais épuisé et me sentais bien seul sans les copains de Savigny. Comme j'avais trois ans à tirer dans ce trou, j'avais tout mon temps pour m'adapter à ma nouvelle résidence. J'ai donc dormi du sommeil du juste, jusqu'à six heures le lendemain, heure à laquelle le centre de Brutet sortait de sa torpeur.

Le premier après-midi s'annonçait bien, car nous devions aller à la plage. Le temps gris de la veille avait fait place à un soleil éclatant. Je mis mes sandales et mon short, dans lequel mes cuisses flottaient allègrement, et en route, en rangs par deux, vers les flots bleus de l'Atlantique.

Je découvris la crique de Port-Jean avec émerveillement. L'eau qui clapotait sur les rochers était si transparente que l'on voyait très nettement les trous à crabes et les algues qui dansaient au rythme des vagues. Évidemment, nous n'avions pas le droit de nous mélanger aux quelques vacanciers qui se trouvaient sur cette petite plage. Nous étions parqués dans un coin et cela me rendait mal à l'aise. Nous étions tous d'affreux jojos, et on nous évitait comme la peste. Nous profitions des transistors des plaisanciers, ce qui égayait un peu l'atmosphère, et pourtant Johnny chantait : « Les portes du pénitencier bientôt vont se fermer... » J'en avait la gorge serrée. Finie la cabane au Canada où je partais en voyage avec Line Renaud, désormais, c'était le pénitencier, les heures noires. J'en avais froid dans le dos. J'étais rêveur et sentais l'ennui me gagner. Je n'étais pas le seul dans ce cas. Aller à la plage, c'était peut-être formidable pour les gens en vacances, mais pas pour nous. Nous retrouvions notre vitalité sur le chemin du retour, car lorsque nous étions au centre, nous étions tous dans la même situation, avec personne autour de nous pour nous rappeler que nous n'étions que des détenus.

Le lendemain, c'était dimanche, jour de sortie. Les gars m'avaient prévenu que, pour sortir, il fallait avoir un pécule, ce qui n'était pas mon cas. Alors, je me fis une raison. D'ailleurs, tout le monde ne sortait pas en ville, les punis restaient au centre, ainsi que ceux qui choisissaient d'avoir un paquet de cigarettes à la place des un franc qu'on donnait à ceux qui sortaient. Avec cette petite fortune en poche, les veinards pouvaient s'offrir le cinéma à Le Palais, ou boire un coup au bistrot. C'était limité, mais cela devait être tellement agréable.

L'après-midi fut interminable, et j'attendis avec impatience le retour des permissionnaires. À cinq heures, ce fut le grand rassemblement dans la cour. On fit l'appel pour vérifier que tout le monde était de retour au bercail, puis chacun partit de son côté raconter sa sortie à qui voulait l'entendre. Mis à part ceux qui avaient été sagement au cinéma, les autres s'en étaient donné à cœur joie et avaient fait pas mal de conneries pour s'amuser. J'appris aussi que, tous les lundis matin, les gendarmes de Belle-Île nous rendaient une petite visite, suite aux plaintes déposées par les habitants de l'île contre les permissionnaires. Il faut préciser que, chaque dimanche, bon nombre de vols étaient commis à Le Palais, et comme par hasard, c'était toujours nous. C'était souvent la vérité, mais parfois, ça arrangeait tout le monde de nous mettre des larcins sur le dos. Il y avait aussi les filles qui se plaignaient d'avoir été violentées. C'était plus rare, mais comme il était impossible de lever une nana, quand il y en avait une qui se faisait pincer par un gars, elle passait un sale quart d'heure.

Le lundi matin, le mitard se remplissait et les éducateurs étaient heureux. C'était comme un jour de fête pour ces chiens enragés.

Ce lundi-là, au rassemblement, après que les punis eurent été nommés, je fus désigné comme « volontaire » pour aller travailler en dehors du centre, avec un autre détenu. Je n'étais pas mécontent de remuer un peu, car j'avais le cafard. Dans ce cas, le meilleur remède n'est-il pas d'avoir une activité ? Je pensais aussi aux sorties du dimanche, quand j'aurais garni mon pécule !

Nous sommes sortis du centre. J'étais heureux, mais Nanard, mon compagnon, faisait la gueule. C'était un ancien, et il savait ce qu'était le genre de travail qui nous était destiné. Moi, j'étais encore ignorant, mais il se chargea de me mettre au parfum, ce qui fit que plus j'allais de l'avant, moins j'avais de courage pour aller bosser.

C'est ainsi, que pioche en main, je me retrouvai à creuser des tranchées au bord des routes, pour y faire passer des canalisations. Nanard, qui avait déjà fait ce genre de boulot, ne se foulait pas trop, alors que moi je creusais avec toute mon énergie. J'étais costaud et le travail ne me faisait pas peur, j'y allais de toutes mes forces.

La chaleur augmentait sérieusement et je ralentissais la cadence. Finalement, j'adoptai le rythme de Nanard, car il m'expliqua qu'on en avait pour plusieurs jours à creuser et que ce n'était pas en se tuant au travail qu'on aurait un sou de plus. Pour tout le monde au centre, le salaire était de un franc ou d'un paquet de clopes par semaine.

Je piochais, je piochais, je déblayais, je piochais encore, dans la caillasse, dans un sol dur comme du béton, sous un soleil de plomb. Quand on arrêtait, on nous rappelait à l'ordre. Nous avions tout juste l'autorisation de pisser ou de boire un coup de temps en temps.

Nous sommes rentrés au centre à cinq heures pour le dîner, après cette journée harassante, ayant eu pour seule détente le temps d'avaler un sandwich le midi, que nous avions emporté dans notre musette.

La soirée a été longue. Je n'avais qu'une hâte, c'était d'aller me coucher. Je ne sentais plus mon corps. J'étais engourdi de la racine des cheveux jusqu'au bout des orteils.

Le lendemain, debout à six heures. Je repris conscience de mon corps quand il fallut poser le pied à terre. Je crus ne jamais pouvoir me sortir du lit, et pourtant... Je repris la route avec Nanard pour une nouvelle journée de travail, ce jour-là, et tous les autres jours de la semaine. J'attendais le dimanche avec impatience. Hélas, mon travail n'étant pas terminé, aucune somme n'avait été versée sur mon pécule, et je dus rester au centre sans la moindre cigarette.

Ce chantier dura un mois, un long mois à suer le long des routes de Belle-Île. Enfin, la permission du dimanche me fut accordée. Je choisis d'aller en ville, et histoire de me remonter le moral, je m'offris le cinéma. Ce jour-là, le hasard fit que le film qui passait ne pouvait en aucun cas m'égayer. Je pleurai donc à chaudes larmes pendant la projection de *Chien perdu sans collier*, sans savoir ce qui m'attristait le plus du film ou de ma propre vie. Bref, je regrettais presque ma sortie.

Le lendemain, j'allais à la plage, et cette fois, j'ai réellement apprécié cet agréable moment de détente.

Je commençais à avoir quelques copains et, surtout, j'avais un « fadeur » (meilleur copain, celui avec qui l'on partage tout) qui se nommait Jacky Rallier. C'était un gars qui venait de Nantes, et qui avait été placé à Belle-Île à la suite d'un vol. Il y avait un an qu'il était au centre. Avec lui, j'avais surtout trouvé une aide morale. Si l'on partageait tout, je dois avouer que, jusque-là, il n'y avait que lui qui m'avait apporté quelque chose. J'étais arrivé les mains et les poches vides et n'avais rien à lui offrir, que mon amitié. Sa vie, tout en étant différente, ressemblait étrangement à la mienne. D'ailleurs, en écoutant les récits de chacun, on arrivait toujours à la même conclusion : on était de trop !

Depuis un mois que j'étais arrivé, je m'étais tenu peinard. Je rentrais le soir épuisé et n'avais pas le temps de penser lorsque je me couchais terrassé d'épuisement. Depuis quelques jours je ne travaillais plus, et le cafard me reprenait. Je n'osais rêver de m'évader puisque c'était impossible. Pas un gars n'avait réussi une cavale à Belle-Île. Soit il se faisait pincer en essayant de prendre le bateau, car les départs étaient étroitement surveillés par les gendarmes, soit il périssait noyé en tentant la traversée sur une embarcation volée ; les courants ne pardonnaient pas à qui s'aventurait à l'aveuglette. Il n'y avait donc pas de solution. Cependant, comment accepter de rester trois longues années enfermé ?

Après trois journées de repos, Jacky Laugier, mon compagnon de voyage et moi-même, étant les derniers arrivés, avons été désignés pour vidanger la fosse à merde de l'hôtel proche du centre. Ce nouveau travail, qui me semblait peu réjouissant, devait s'effectuer de nuit.

Nous avons quitté le centre vers trois heures du matin, sans maton pour nous surveiller. Arrivés à l'hôtel, le patron, qui nous attendait, nous emmena sur les lieux. L'hôtel était construit sur des rochers, surplombant une petite crique qui était la plage réservée aux clients. Il nous fit voir la fosse ainsi que l'endroit où nous devions déverser les excréments, à la pointe des rochers.

Il donna à chacun de nous un seau, ainsi que les outils nécessaires pour desceller la plaque en ciment de la fosse. Après avoir eu raison de celle-ci, on la glissa sur le côté. On découvrit cette marée puante qui gisait à nos pieds avec un certain dégoût. Comme nous n'avions pas le choix, il fallut se mettre au boulot.

À genoux au bord de la fosse, tenant le seau du bout des doigts, je commençai la pêche aux colombins. Jacky éclata de rire en voyant mon air dégoûté. Il me prit le seau des mains et le transporta à une vingtaine de mètres, puis le bascula dans le vide, tandis que je remplissais le second avec autant de précautions qu'il était possible.

Je n'avais jamais vu autant de merde de ma vie. Par moments, je me sentais au bord de l'asphyxie, mais il fallait continuer. De temps en temps, nous intervertissions les rôles pour nous aérer et nous dégourdir les jambes. Nous avions des crises de fou rire parfois, en pensant au ridicule de la situation. On se demandait ce que l'on foutait là.

Le niveau de la fosse baissait tout doucement. J'avais commencé à genoux, j'étais maintenant à plat ventre. Le niveau continuant de baisser, il fallut bientôt prendre une corde et lancer le seau dans la fosse pour atteindre la bouillasse. Le premier seau que j'ai jeté me valut une superbe éclaboussure sur ma chemise qui ne tarda pas à être remplie de décorations. Comme je trouvais cette façon de faire pas très commode, j'ai décidé d'enlever mes sandales et de descendre carrément dans la fosse. Jacky, plié en deux, me regardait d'en haut et avait bien du mal à hisser les seaux tant il riait.

Je prenais de moins en moins de précautions. J'enfonçais le seau à pleines mains dans la merde. Quand Jacky remontait le seau, je me prenais des giclées sur le crâne. Enfin, j'étais baptisé de la tête aux pieds, ce qui redoublait notre hilarité. Vers sept heures, tout était terminé. Je sortis de ma baignoire. Nous avons remis le couvercle, puis j'ai laissé Jacky ranger le matériel tandis que j'allais prendre un bon bain et nettoyer mes vêtements dans la mer.

En remontant le sentier pour rejoindre Jacky, j'ai découvert, en partie masqué par un buisson, un portefeuille. Il n'était pas bien garni, mais contenait tout de même un peu de fric et quelques timbres. Tout heureux de ma trouvaille, nous avons décidé d'aller en ville. On s'est offert un énorme petit déjeuner avec tartines beurrées et croissants. Tout le fric y est passé et nous trouvions que cela était mérité. Nous sommes rentrés rapidement au centre, et personne n'en a jamais rien su.

Vers onze heures du matin, Jacky et moi avons été appelés par Guillaume. J'étais persuadé qu'on avait été vus en ville, mais il n'en était rien. Le patron de l'hôtel était venu se plaindre, car nous n'avions pas déversé les seaux au bon endroit. Le résultat était désastreux pour lui, car la marée montante avait ramené tous les excréments à l'intérieur de la crique, recouvrant ainsi la plage de l'hôtel.

Ces messieurs-dames les clients n'étaient pas heureux. Je pensais intérieurement que j'avais fait moins de manières qu'eux en allant patauger dans leur « propre » merde !

On s'en tira pas trop mal. La punition se limita à deux semaines sans sorties, sans cigarettes et sans courrier, le tout arrosé d'une bonne engueulade et d'une pluie d'injures. Qu'importe ces petits inconvénients, cette nuit-là je me suis tant amusé qu'elle restera pour moi un des meilleurs souvenirs de ma vie.

Les occasions de s'amuser étaient si rares : nous avions plus souvent le bourdon qu'envie de rigoler. Ce qui nous manquait le plus, c'étaient les filles. On en parlait le soir quand on était couché. Ces conversations ranimaient en nous des désirs inassouvis et chacun se branlait dans son coin. Parfois, nous organisions des « concours de branlette ». Le gagnant était celui qui déchargeait le premier. C'était très difficile, tout le monde voulait gagner. Une tension terrible nous habitait, chacun faisant ses commentaires ou poussant des gémissements. Cela devenait un tour de force que de gagner. Les perdants restaient souvent sur leur faim, car dès que le gagnant s'était fait connaître, les autres étaient découragés. On allait alors se coucher, épuisés et démoralisés.

Dans l'ensemble, une bonne entente régnait dans notre chambre, mais ça ne se passait pas toujours ainsi. Il y avait des gars dans le centre qui se plaignaient, pas aux autorités mais entre nous, d'avoir un caïd dans leur piaule, qui avait fait main basse sur un pauvre mec. Ce dernier se faisait enculer devant tout le monde, s'il avait la malchance d'être dans la même piaule que le « dur ». Quand ils étaient dans des chambres différentes, ça se passait dehors, et n'assistait au spectacle que celui qui le désirait. Ces séances ne se passaient jamais en tête à tête, car dehors, il fallait des gars pour former un mur afin de ne pas être vus des matons. D'autre part, les caïds adoraient se donner en spectacle, ça rehaussait leur prestige, et les voyeurs se régalaient.

J'avais de la haine pour ces caïds qui faisaient la pluie et le beau temps dans nos rangs, sans pour cela que les matons s'en mêlent. Ils jouissaient d'une certaine immunité de la part des autorités du centre, qui savaient pertinemment tout ce qui se passait, grâce aux mouchards, une autre espèce de salauds que j'abhorrais.

En général, je les ignorais, mais un jour, n'y tenant plus, je suis intervenu à une table voisine, pour un Égyptien. Ce gars, au centre depuis trois jours, était privé de nourriture par le chef de table qui n'était autre que Raffia, la terreur des lieux. Je bouillais à ma table en entendant les vacheries qu'on lui sortait sur sa race, sa religion et tout ce qui s'ensuit. Le gars, complètement terrorisé, n'ouvrait pas la bouche du repas, ni pour parler, ni pour manger, les plats arrivant dans ses mains lorsqu'ils étaient vides. Je fis signe à un gars de sa table et lui dis de prévenir Raffia que je l'attendais derrière le groupe, après déjeuner.

Sa Seigneurie arriva, entouré de sa cour. Moi, je l'attendais de pied ferme. Quelques copains, qui ne voulaient rien rater du spectacle, m'avaient accompagné. Tout le monde s'écarta. Je lui fis part de ma désapprobation sur son comportement. Il me regarda d'un air hautain :

– Tu prends les patins d'un Arabe ?

– Et alors, Arabe ou pas, de quel droit tu te permets de le priver de bouffe ?

– Je les aime pas ! Et c'est pas toi qui me feras changer d'avis !

– Justement, t'as pas de bol, je n'ai pas l'intention de te laisser faire.

– Hé ! Les mecs ! Vous entendez comment il me parle celui-là ? dit Raffia en se tournant vers ses potes.

Profitant de son inattention, je lui balançai un magistral coup de poing à l'estomac. Il répliqua aussitôt, et s'ensuivit une belle bagarre. Un cercle s'était formé autour de nous. Raffia était costaud, mais moi aussi, et je n'avais pas l'intention de me faire écraser par ce mec, tout dur qu'il était. La bagarre fut interrompue brusquement par un gars qui nous annonça l'arrivée d'un maton dans notre secteur. On arrêta immédiatement de se battre, et l'on remit nos fringues en ordre, abrités par nos supporters qui nous cachaient. Le maton nous ordonna de nous disperser, sans intervenir davantage.

L'incident était clos. Il n'y avait ni gagnant ni perdant. Mais le soir, au dîner, j'ai compris que c'était moi qui avais gagné la partie, quand j'ai vu Raffia passer le plat au pauvre mec qui n'en revenait pas.

Les caïds me saluaient désormais et me considéraient comme un des leurs. J'avais eu le courage d'affronter le pire de tous, c'était une référence pour eux. J'avais gagné une forte partie, mais je ne me considérais pas comme un des leurs.

J'avais pris une certaine assurance, ce qui me fit faire des conneries pour amuser les copains. J'étais décidé à faire de petites sorties nocturnes. Lorsque tout le monde était couché et que le centre semblait endormi, je passais par la fenêtre, me glissais au rez-de-chaussée par la gouttière et allais voler des fruits dans le jardin des éducateurs. Je ramenais mon butin dans la chambre, où nous faisions un léger festin pour notre plus grande joie. Je cachais mon stock dans la housse de mon polochon pour le lendemain, et quand il n'y en avait plus, je retournais en chercher.

Cette distraction ne m'amusa pas très longtemps. Une nuit, alors que je m'apprêtais à remonter dans ma chambre, une idée de génie me traversa l'esprit. Je suis allé ouvrir la porte de la porcherie, laissant sortir dans le jardin tous les cochons qui se régalèrent avec les bons légumes des matons. Quel carnage ! Le lendemain matin, il ne restait plus rien. Ils avaient tout saccagé.

À l'appel du matin, Guillaume demanda qui était le responsable. Je sortis des rangs. Il m'expédia dans son bureau. Je n'avais pas encore goûté aux brimades, mais j'allais être servi. Les matons m'attachèrent les mains au radiateur du bureau et me filèrent une sacrée toise. Quand ils se calmèrent, j'étais à demi-inconscient. Ils me transportèrent à l'infirmerie où l'on nettoya mes plaies, avant de m'enfermer au mitard, pendant quinze jours. J'avais la tête comme une pastèque, et tout mon corps était endolori. Ils m'avaient frappé de leurs poings et de leurs pieds, sans ménagement, ils étaient déchaînés. Guillaume m'avertit qu'il prendrait sur mon pécule pour rembourser les dégâts, en plus du mitard.

Le mitard, je connaissais pour l'avoir quelque peu fréquenté à Savigny. Ce qui était nouveau ici, c'est qu'on n'y mangeait qu'un jour sur deux. Je fis donc une cure de repos et une semi-diète pendant deux semaines.

À ma sortie, on m'envoya travailler dans une carrière. Toute la journée, nous chargions des pierres dans un wagonnet, qu'il fallait pousser ensuite jusqu'au concasseur, qui les transformait en gravier. Un travail très intéressant, comme ceux que j'avais faits jusqu'alors. Ce boulot continua jusqu'à la rentrée de septembre.

La direction de l'IPES dispersa ses pensionnaires dans les divers ateliers du centre. Je fus affecté à l'atelier de serrurerie, dirigé par Pinot, un civil qui venait nous apprendre à manier la lime, le chalumeau, le marteau, etc.

La vie avait pris un rythme régulier, interrompu parfois par un nouvel arrivage, une querelle ou un fait divers qui venait briser la monotonie de nos existences.

Parfois, pour s'amuser un peu, on attendait qu'un gars de la chambre s'endorme, puis, sans faire de bruit, on soulevait le lit par les quatre pieds et on balançait le chargement par la fenêtre. Parfois, on se faisait le veilleur de nuit. Il suffisait de faire un peu de brouhaha dans la chambre pour qu'il déboule voir ce qui se passait. Il était alors accueilli par des coups de polochons. On était privé de sorties et de cigarettes le dimanche suivant, mais le jeu en valait la chandelle, on se défoulait comme on le pouvait.

Avec l'automne, de nouvelles corvées nous étaient attribuées. Nous allions à l'extérieur du centre bêcher les jardins des particuliers. Des particuliers qui étaient réellement « particuliers » dans leur comportement envers nous. Ils devaient certainement être en manque d'autorité ces braves gens. Ils nous faisaient venir chez eux, ou plutôt dans leur jardin, car nous n'avions pas le droit de mettre le pied dans leur chaumière, et ils passaient leur journée à nous épier dans nos moindres gestes, à surveiller le travail que nous fournissions, sans trop s'approcher de nous, des fois qu'on ait la gale ou je ne sais quelle autre maladie contagieuse. Ils ordonnaient, râlaient, faisaient des reproches, nous insultaient et se plaignaient invariablement au maton qui venait nous rechercher le soir. Malgré leur mécontentement, leur terrain était retourné, ce qui n'était pas si mal pour ces pauvres chéris incapables de le faire eux-mêmes.

J'avais remarqué, en classe de technologie, une trappe au plafond qui m'intriguait depuis la rentrée. J'avais dans l'idée d'aller voir au-dessus ce qui s'y passait. J'en ai parlé à Jacky Laugier, qui lui n'avait aucune idée, mais était d'accord pour m'aider à y aller voir. Un samedi, alors qu'il n'y avait personne dans les parages, et que la porte de la classe n'était pas fermée, nous nous y sommes aventurés. Jacky me fit la courte échelle. J'ai soulevé la trappe, l'ai fait glisser sur le côté, puis je me suis hissé à la force des bras. Je me retrouvai à quatre pattes sur le faux plafond qui, ne pouvant supporter mon poids, s'effondra dans un nuage de poussière. Il y avait maintenant un trou béant au plafond de la classe. Malgré le fracas de ma chute, personne ne semblait avoir entendu. Nous avons quitté les lieux sans attendre.

Mon forfait ne fut découvert que le lundi matin. Aussitôt, il y eut un rassemblement général dans la cour. Guillaume écumait, il était fou de rage. On attendit la venue du directeur, qui se pointa, les mains dans le dos :

– On va voir s'il y en a qui ont des couilles au cul ! gueula-t-il. J'aimerais savoir quel est celui d'entre vous qui a détruit le plafond de la salle de technologie ? Que le responsable sorte des rangs !

Pas un gars ne bronchait dans la cour. Le directeur gardait ses mains dans le dos. Il se balançait sur ses pieds d'avant en arrière, dans le silence le plus complet.

Je suis sorti des rangs. Deux éducateurs me prirent par le bras et m'emmenèrent au bureau du directeur.

Malgré les coups que j'ai reçus, ils n'ont pas réussi à me faire avouer la raison de mon délit. Je suis retourné au mitard, après une courte halte à l'infirmerie pour me refaire une beauté. « Vous me ferez quinze jours ! » avait dit le directeur.

En hiver, il n'y avait plus de travail à l'extérieur du centre, à part une fois par semaine, où plusieurs volontaires étaient désignés pour aller décharger *Le Gré*, qui apportait le ravitaillement pour les insulaires.

J'y suis allé quelquefois, heureusement, car les sorties du dimanche se faisaient rares pour moi, mon pécule étant constamment réquisitionné pour dédommager mes « victimes ».

Aux vacances de Pâques, je fus envoyé avec un groupe de gars du centre pour caréner les bateaux *Le Belle-Île* ainsi que *Le Guesdel*. Cette tâche incombait aux pensionnaires du centre de Brutet, qui, tous les ans, recommençaient le même travail. Chaque jour, debout dans une barque se balançant sur les flots, armés d'une spatule fixée au bout d'un manche, nous grattions la peinture de la coque. En fonction de la marée, le grattage se faisait à différents niveaux.

Un jour, le capitaine du *Belle-Île* m'appela et me fit signe de venir le chercher. Je savais ce que cela voulait dire : ce cher homme désirait inspecter l'avancement des travaux. Il se prenait pour un personnage très important. Ancien gradé de l'armée, il en avait gardé un ton autoritaire et un air hautain qui me déplaisaient. Je m'assis dans ma barque et allai le chercher à la godille. J'ai abordé le quai, afin qu'il monte dans mon embarcation. Au moment où il y posait le pied, je ne sais pas ce qui m'a pris, je n'ai pu résister à cette impulsion soudaine, j'ai donné un grand coup de godille sur le mur, et la barque s'est écartée du quai. Le capitaine tomba à l'eau. Les gars du centre étaient hilares. Je me ressaisis aussitôt et fis le maximum pour sortir ma victime du port.

Il n'y eut aucune clémence pour mon geste. Je fus ramené au centre où le directeur, prévenu de l'incident par téléphone, m'attendait dans la cour, encadré de ses gardes-chiourmes. Ils me mirent une tête au carré, puis je fus condamné à dix tours de piste et quinze jours de mitard.

Je n'avais pas encore goûté à la brimade suprême, mais cette fois je n'y coupais pas. Après m'avoir mis une bonne volée, un maton m'accompagna sur le terrain de sport. La piste encerclait le terrain de foot et était recouverte de mâchefer. J'ai ôté mes sabots, et le maton qui m'accompagnait me poussa sans plus attendre sur la piste. La première sensation fut plus que désagréable. Je n'eus pas le temps de me demander comment j'allais faire pour me déplacer sur cette matière coupante, le maton hurla :

– Cours, fils de pute, et n'oublie pas qu'à chaque fois que tu t'arrêteras, tu auras un tour de plus à faire !

Je m'élançai donc vers un supplice qui n'était pas près de finir. Je ne courais pas très vite, tant la douleur était forte. Je serrais les dents et les poings de toutes mes forces. J'entendais le chien de maton hurler que je n'allais pas assez vite, m'insulter, me traîner plus bas que terre, mais je ne pouvais pas accélérer. La morsure du mâchefer sous mes pieds était telle que je ne pouvais retenir des larmes de douleur. Je courais, je courais, j'aurais voulu mourir à l'instant, pour ne plus sentir les souffrances inhumaines qu'il me fallait supporter.

D'autres matons étaient venus rejoindre mon accompagnateur. Et tous s'en donnaient à cœur joie pour gueuler des insultes et se tordre de rire devant le spectacle que je leur offrais. Je comptais les tours, et j'avais l'impression de ne pas avancer. Je rageais contre cette putain de chienne de vie et je sentais en moi l'envie de tuer tous ces tortionnaires qui n'étaient heureux que lorsqu'ils nous faisaient souffrir. Quand je pense qu'ils étaient tous mariés et pères de famille, je crois qu'il n'y aurait pas eu plus grande honte pour moi que d'être le fils d'un de ces connards.

Quand je suis arrivé au bout de mon dixième tour, je me suis jeté sur la pelouse, épuisé, le corps brisé par les souffrances, l'esprit anéanti par tant d'injustice. Aucun répit ne me fut accordé : je sentis mon corps soulevé de terre par deux poignes de fer. Je m'évanouis à cet instant.

Je revins à moi à l'infirmerie. Le préposé aux bobos me désinfectait les pieds, de pauvres pieds en lambeaux, en charpie, qui m'arrachaient des gémissements à défaut de hurlements, ma fierté m'interdisant ce genre de démonstration. J'étais dans un état pitoyable, et incapable de marcher pour atteindre le mitard qui m'attendait pour deux semaines. Mon infirmier, habitué à ce genre de situation, me passa un bras par-dessus son épaule et m'aida de son mieux à mettre un pied devant l'autre. Arrivé dans ma cellule, je m'allongeai sur ma paillasse, que je n'étais pas près de quitter pendant mon séjour.

L'été revint. L'année scolaire terminée, nous avions deux mois devant nous, deux longs mois pour travailler et aller nous emmerder sur la plage. Dans le fond, l'école était l'endroit où je me trouvais le mieux. Surtout avec Pinot qui était un brave type, et qui ne se comportait pas avec nous comme un maître avec ses chiens. Nous étions pour lui des élèves, tout simplement des élèves, un peu spéciaux, pas toujours faciles à vivre, mais des élèves tout de même.

Il y avait un an que je faisais partie de la maison. Une année sans nouvelles de ma famille, sans aucun lien avec la vie extérieure. Je ne me faisais plus d'illusion et attendais que le temps passe.

La vie n'était pas monotone au centre, et pourtant, avec l'habitude, on finit par prendre pour du train-train, les corvées, les insultes, les coups, et tout ce qui constituait l'organisation de l'IPES.

Une fois par an, on formait une équipe pour aller disputer un match de football à Le Palais. C'était le grand événement tant attendu par tous les gars du centre. J'ai eu la chance d'être désigné comme arrière. Ce fut une journée mémorable. Les gars de l'équipe, les permissionnaires et un bon nombre de matons partirent ensemble à la conquête de la ville.

Tandis que notre équipe allait se préparer dans les vestiaires, nos supporters se dispersèrent dans la foule des spectateurs. L'habillage ne dura pas longtemps, car nous n'avions qu'un short à enfiler pour le match, et à enlever notre chemise pour être en tenue.

Quand nous fîmes notre apparition sur le terrain, l'équipe adverse était déjà en place. En nous voyant en tenue de l'armée, en sandales, ils se tordirent de rire. Les fumiers ! Ils allaient nous payer ça, ces putains de fils de bourgeois !

Et ils le payèrent largement. Nous avons gagné quatre à zéro. Une sacrée raclée qu'on leur a foutue, sans compter les gnons qu'ils se sont pris tout le long du match. Toute notre équipe s'en est donné à cœur joie. Nous étions intouchables, dans une forme extraordinaire. Les mecs s'en sont pris plein la gueule et plein les tibias.

Pendant le match, les copains du centre qui nous avaient accompagnés se chargèrent de dévaliser les vestiaires de nos adversaires, et de faire les poches à certains spectateurs imprudents. De nombreuses bagarres éclatèrent autour du stade, provoquées par ces supporters pas comme les autres. Pour tout dire, ce fut une belle pagaille.

Le retour aux vestiaires fut très mouvementé lui aussi, car nous n'avions pas eu notre compte de défoulement. Nous n'attendions qu'un seul mot, qu'une seule plainte de nos adversaires pour leur voler dans les plumes à nouveau. Mais, hélas, les matons nous suivirent et ils veillèrent à ce que tout se passe dans le calme. Les pauvres mecs de Belle-Île n'osèrent même pas se plaindre devant nous, quand ils s'aperçurent de la razzia faite dans leurs affaires personnelles.

Pendant le match, les matons, dispersés dans les gradins et dans la foule autour du stade, avaient pris des notes, tant sur le comportement de notre équipe que sur celui des autres permissionnaires. Dès notre retour au centre, les punitions tombèrent sur nous comme la pauvreté sur le monde, et le mitard se remplit immédiatement. Nous étions malgré tout heureux de cette journée exceptionnelle.

Il y eut un autre moment exceptionnel dans le centre, mais personne n'aurait pu prévoir ce qui allait se produire. Ce matin-là, nous étions à l'atelier, comme chaque jour de classe. Ce qui s'est passé au départ, ce qui a déclenché l'incident : je n'en sais rien. Il y avait si souvent des disputes qui éclataient entre nous, pour des riens, pour des bêtises, que personne ne s'en mêlait.

Deux gars se sont engueulés, puis l'un d'eux s'est brusquement retourné vers la forge, a saisi un tisonnier rougi puis l'a planté dans le ventre de l'autre. Un hurlement déchirant s'échappa de la bouche de la victime, avant que celui-ci ne s'écroule sur le sol, sans connaissance. Après quelques secondes de stupéfaction, Pinot envoya chercher du secours. Il s'ensuivit un long moment de panique, car personne ne savait quoi faire devant un événement pareil.

Les matons nous firent sortir tandis que l'on emmenait l'agresseur chez le directeur. Les gendarmes de Le Palais vinrent le chercher, et un hélicoptère emmena le blessé vers un hôpital du continent.

On ne sut jamais ce qu'il était advenu de l'un ou de l'autre. Cet événement bouleversa tout le monde. Certains d'entre nous supportaient plus difficilement que d'autres la vie du centre, les mauvais traitements qu'on nous infligeait, l'éloignement du monde extérieur, et il ne fallait pas grand-chose pour que l'esprit du plus dur d'entre nous chavire, car nous étions des garçons rendus fragiles par une enfance misérable et sans tendresse.

C'était en fin d'année scolaire. Le directeur me convoqua un jour dans son bureau. Il m'annonça qu'il avait l'intention de me présenter au CAP cette année-là. Il m'expliqua que, si je réussissais cet examen, je serais libéré, mais que, si j'échouais, je resterais une troisième année, comme cela avait été prévu lors de mon transfert à Belle-Île.

Je suis ressorti du bureau tout heureux de cette nouvelle, mais bien vite l'angoisse remplaça mon euphorie. En effet, mon niveau scolaire n'était pas des plus brillants, surtout en enseignement général. Je me sentais plus à l'aise dans les matières spécifiques à mon apprentissage, c'est-à-dire en dessin industriel, en technologie, et à l'atelier.

J'abordai donc la première journée d'examen sans grande conviction, mais je donnai le meilleur de moi-même pour éviter le désastre. Cette journée ne comportait que la partie écrite des matières générales, mais hélas, malgré mes efforts, j'en suis ressorti complètement anéanti.

La semaine suivante, ce fut la partie pratique. Je me sentais dans mon élément, et j'ai exécuté une enseigne en fer forgé sans aucune difficulté. Mon moral était meilleur, et je commençais à espérer un heureux dénouement.

Il ne restait plus qu'à subir l'épreuve d'éducation physique pour clore l'examen, et celle-ci devait se dérouler à Auray, sur le continent. Ce fut l'occasion pour tous les candidats du centre de faire une belle balade. C'était pour nous comme une excursion, et la journée s'annonçait superbe.

Nous nous sommes retrouvés en compétition avec des collégiens civils. Je me sentais dans une forme extraordinaire et solide comme un roc. Jacky Laugier et moi avons remporté toutes les disciplines : le saut en hauteur, le saut en longueur, la corde, la course à pied... Quelle revanche pour nous, pauvres mecs paumés !

La soirée se termina au mitard pour certains d'entre nous, car comme chaque fois que nous étions en villégiature, il y avait de la fauche sur notre passage. La journée avait été bonne pour moi et le moral était remonté en flèche.

Au début de juillet, on me présenta pour passer mon FPA de serrurerie de bâtiment. Cet examen comprenait essentiellement des matières spécifiques, c'est-à-dire dessin industriel, technologie et atelier. Cette fois-ci, je me sentais dans mon élément et je pensais réellement avoir réussi cette journée. J'étais particulièrement fier du balcon en fer forgé que j'avais réalisé, dans l'épreuve d'atelier.

Il ne restait plus qu'à attendre les résultats, et l'attente fut longue. Comme nous étions en période de vacances scolaires, nous avons repris nos habitudes. Parfois nous travaillions, parfois nous allions à la plage, mais le temps était long.

Le directeur me convoqua enfin dans son bureau. Il m'annonça que j'avais réussi mes deux examens. Il ajouta que j'allais être libéré prochainement, qu'il ne restait plus que le temps de faire les papiers et que je pourrais partir.

J'étais comme un con. Je n'en revenais pas. J'ai quitté le bureau du directeur, la gorge serrée, et le moins qu'on puisse dire, c'est que je n'étais pas heureux de cette nouvelle, contrairement à ce que j'avais imaginé.

Nous étions plusieurs à quitter le centre. Les réactions des gars étaient différentes. Certains fanfaronnaient en nous parlant de la fille qui les attendait, ou du coup qu'ils allaient faire en sortant. Moi, je ne les prenais pas au sérieux. Je ne leur parlais pas de mon angoisse à l'idée de me retrouver en liberté. À les écouter, ils avaient tous un endroit où aller, mais c'était peut-être du bluff, moi je ne savais pas du tout ce que j'allais faire.

Les jours qui suivirent s'écoulèrent presque trop rapidement. Il me fallut vider mon armoire, rendre les vêtements de l'administration, faire mes adieux aux copains, puis passer au bureau des entrées pour les formalités de départ. On me remit un billet de bateau, un billet de train pour Paris, un ticket de métro et cinq pièces de cent francs (anciens). Je devais, dans les jours suivant mon arrivée à Paris, me présenter au Palais de justice, au Service des mineurs.

Nous quittions le centre deux par deux, à des jours différents. Mon tour arriva, et là, je sentis en moi comme un grand déchirement. Nous sommes partis à pied prendre le bateau à Le Palais. Nous nous sommes installés sur le pont arrière. J'avais la gorge serrée en voyant la côte s'éloigner. Quand elle disparut à l'horizon, j'eus l'impression de tomber dans un abîme. J'étais complètement désemparé.

À Quiberon, nous avons été faire un tour en ville, puis nous sommes allés dans un bistrot attendre le départ du train prévu dans la soirée. Je restais silencieux.

Le train s'ébranla. Je laissais derrière moi un passé qui resterait gravé à tout jamais dans ma chair et dans mon esprit. Je roulais vers ma future existence, vers ma vie d'adulte. Qu'allais-je dont faire maintenant ? J'avais deux diplômes en poche, mais ce n'étaient que de vulgaires bouts de papier.

Je savais déjà, sans vouloir me l'avouer, que j'irais chez ma mère en arrivant à Paris. Pourquoi aller la voir, elle qui n'avait pas donné signe de vie depuis que j'avais été placé à Savigny, c'est-à-dire depuis trois ans ! Pas une visite, pas un mot, rien, le silence. Et pourquoi toujours m'obstiner à aller la voir ? Mais j'irais tout de même, c'était décidé. D'ailleurs, je ne voyais pas d'autre endroit où aller, puisque je ne connaissais personne.

Je n'imaginais rien pour mon avenir, je n'avais aucune idée, j'étais complètement vidé. C'était comme si je me retrouvais là, dans ce train, par hasard, sans but, avec le néant devant moi. Et plus le train avançait, plus j'avais la sensation d'être un autre, comme si ce que je venais de vivre s'était passé il y avait longtemps, ou comme si c'était arrivé à quelqu'un d'autre, ou peut-être que ce n'était qu'un mauvais rêve, je ne sais plus... Je perdais toutes notions, j'avais envie de dormir, c'était cela, il fallait que je dorme un peu, que je me repose, ça irait mieux après, j'y verrais plus clair...

Je me suis assoupi, puis je me suis réveillé brutalement. J'étais là, dans ce train, mais oui c'était bien moi, et j'allais revoir ma mère... J'étais libre ! Libre ! Libre ! Soudain, je me suis senti en forme, gonflé à bloc. J'irais chez ma mère, je resterais vivre chez elle, pendant quelque temps, je trouverais du travail, je reverrais mes copains, tout allait bien se passer ! J'étais soudain persuadé que ma mère allait être contente de me retrouver, qu'elle avait certainement beaucoup pensé à moi, que René et Michelle étaient peut-être avec elle...

Je me suis alors rendormi. J'étais plus calme, désormais, je pouvais imaginer une vie meilleure.

En arrivant à Paris, nous sommes allés boire un dernier verre avant de nous séparer. J'ai pris le métro, direction Levallois. J'avais beaucoup de mal à réaliser que c'était bien moi qui me baladais ainsi dans la foule, comme tout le monde.

Je suis allé directement chez ma mère.

Avant de frapper à la porte, j'ai été repris de panique, et j'attendis un long moment avant de me décider. Ma mère ouvrit.

– Qu'est-ce que tu fais là ? me demanda-t-elle éberluée.

– J'ai été libéré hier, je viens d'arriver par le train.

– Tu ne me racontes pas d'histoires au moins, parce que, avec vous, je sais à quoi m'en tenir ! ajouta-t-elle, visiblement contrariée.

– Non, tiens, j'ai mes papiers pour le Palais...

– Bon, ça va, t'as qu'à entrer.

– Hariss n'est pas là ?

– Non, il est reparti dans son pays, il y a peu de temps.

– Et Michelle et René ?

– Ta sœur est à Olt Onival placée comme bonne, et ton frère, il est dans un CAT rue de Vaugirard. Et puis, fais-moi pas chier avec eux, j'ai autre chose à faire que de m'occuper de ces bons à rien ! Et toi, quand est-ce que tu repars ?

– Oh ben... Tout de suite... J'étais juste passé te voir comme ça, pour voir si tout allait bien...

– Ouais ! Il est bien temps de t'occuper de moi ! Il est bien temps, après tout ce que vous m'avez fait endurer, vous et votre salaud de père !

– Bon, eh bien je m'en vais... Au revoir, m'man !

Et voilà ! Je me suis levé, et je suis parti vers mon avenir, vers ma vie d'adulte, vers cette chienne de vie qui ne s'annonçait guère plus joyeuse que celle qui m'avait été offerte jusqu'à ce jour.

Table

DANS LA COLLECTION ROMANS , RÉCITS ET NOUVELLES
AU CHERCHE MIDI

NATHALIE BLAISE
Des fleurs dans la tête

VIRGINIE BUISSON
Le Silence des otages

NICOLAS CHARBONNEAU
Deux ou trois fois rien

JEANNE CRESSANGES
Les Ailes d'Isis

PATRICE DELBOURG
Cœur raccord
Lanterne rouge

RAYMOND DEVOS
Les 40e délirants

PIERRE DRACHLINE
Une enfance à perpétuité
L'Enchantée

CHRISTIANE DUPUY
Le Petit-Fils de Lafcadio
L'Employée de maison

ALAIN GAGNOL
La Femme patiente

JEAN GRANGEOT
La Perle rouge

CLAIRE HUYNEN
Marie et le vin
Prix de la Première Œuvre, 1999
Une rencontre

RICHARD JORIF
Qu'est-ce que la mort, Fourrure ?

FLORENCE JULIARD
L'Enfer à domicile

PIERRE KYRIA
Le Partage des ombres
Pile-poil

JEAN-HUGUES LIME
Le Roi de Clipperton

CHRISTOPHE MAGER
L'Invasion des femmes grosses

FRANCE MAÏ
Momo qui kills
Jean-Pôl et la môme caoutchouc

THIERRY MARICOURT
Ne me tuez pas

YVES MARTIN
Il faut savoir me remettre à ma place

WALLY MONTAY
Cinabre

INGRID NAOUR
Les Lèvres mortes
Le Syndrome d'Atlas

GÉRARD OBERLÉ
Nil rouge
Prix René-Fallet, 2000

Pera Palas

Palomas Canyon

JEAN ORIZET
La Vie autrement
à l'ombre douce du temps

ALAIN PAGE
Je suis rien

AGNÈS PAVY
Fétiches

CHANTAL PELLETIER
Le Squatt

PIERRE PERRIN
Une mère
Le cri retenu

JEAN-CLAUDE PIROTTE
Mont Afrique

CLAUDE PUJADE-RENAUD
DANIEL ZIMMERMANN
Septuor

GHISLAIN RIPAULT
Exécutions intimes

FRÉDÉRIC ROUX
Le Désir de guerre

BORIS SCHREIBER
Un silence d'environ une demi-heure
Prix Renaudot, 1996

Hors les murs

L'Excavatrice

La Douceur du sang

JOËL SÉRIA
Sombres fantômes

VALÈRE STARASELSKI
Monsieur le Député

FRANÇOIS THIBAUX
Notre-Dame des Ombres
Prix Paul-Léautaud, 1997

JEAN-MAX TIXIER
Le Jardin d'argile
Prix Antigone, 1998

BRICE TORRECILLAS
L'Ombre et le fond

VIVIANE VILLAMONT
Une femme irréprochable

DANIEL ZIMMERMANN
L'Anus du monde

Le Gogol

Les Morts du lundi

Les Chats parallèles
suivi de
La Légende de Marc et Jeanne

L'Ultime Maîtresse

AHMED ZITOUNI
Une difficile fin de moi

DANS LA COLLECTION « AILLEURS »
AU CHERCHE MIDI

ANTHONY BURGESS
Le Docteur est malade
traduit de l'anglais
par Jean-Luc Piningre

Mister Raj
traduit par Jean-Luc Piningre

JIM FERGUS
Mille femmes blanches
traduit de l'anglais (États-Unis)
par Jean-Luc Piningre
Prix du Premier Roman étranger

TIBOR FISCHER
Ne lisez pas ce livre si vous êtes stupide
traduit de l'anglais
par Marc Anfreville

RON GOULART
Groucho Marx contre Sherlock Holmes
traduit de l'anglais (États-Unis)
par Jérémie Gazeau

DONALD HARSTAD
Onze jours
traduit de l'anglais (États-Unis)
par Serge Halff

HAROLD NEBENZAL
Berlin Café
traduit de l'anglais (États-Unis)
par Gilles Morris-Dumoulin

KATHERINE NEVILLE
Le Huit
traduit de l'anglais (États-Unis)
par Evelyne Jouve

Le Cercle magique
traduit de l'anglais (États-Unis)
par Gilles Morris-Dumoulin

TOM ROBBINS
Féroces infirmes
retour des pays chauds
traduit de l'anglais (États-Unis)
par Jean-Luc Piningre

TOMI UNGERER
Acadie
traduit de l'anglais par Edith Ocks

ROBERT JAMES WALLER
Une saison au Texas
traduit de l'anglais (États-Unis)
par Gilles Morris-Dumoulin

Composition et mise en pages par DV Arts Graphiques à Chartres
Imprimé en France par la Société Nouvelle Firmin-Didot
Dépôt légal : août 2003
N° d'édition : 131 – N° d'impression : 64283
ISBN 2-86274-131-X